0点ママの子育て迷走日記

斉田直世

GENTOSHA

JN296926

ブックデザイン・DTP ◎ 小林祐司（TYPEFACE）

「出産準備リスト」……妊娠・出産雑誌の付録でよく付いてくる。出産前に用意すべきものがリストアップされている。

その後
ギモンは
尽きる
どころか
粉ミルクって
赤ちゃんが太る
らしいわよ?
現在は
粉ミルクも
栄養価に
問題は
なく…
絶対に母乳!
おむつは布だよ!
次第に
増すばかり
特集
母乳育児で
バストラインが
崩れる!?
母乳と粉ミ
母乳
粉ミルク
そんな私もいまは27歳
1つ年上のダンナと
3歳になった息子の3人家族
ギモンを抱えながらも
楽しく暮らしていたある日
それは突然空からや(降)ってきたのです……

ママ友とのランチ会にて
英語ってね0歳から触れないと身につかないいんだって!
うちはいまお受験させるかで迷っててぇ~
ねーねーナオヨちゃんとこは将来どんな子にさせたいの?
ちゅ~
う~ん特別どういう子ってのはないけど……まぁ 健康で思いやりがあって……あ、勉強と運動もできないよりはできたほうがいいけどそれくらいかな
ぽんっ

じゃ、そのために何かしてる？
え……
……とくになにも……
ぶ～ん
帰り道
はぁぁぁ～…
ガラガラ
「子どもの将来のために」ねぇ～
そりゃ何かしてあげるにこしたことはないんだろうけど……
スースー
育児本にテレビにネット先輩ママの話……
情報が多すぎて一体どれが正しいのやら……
う～ん…

まったく
子育てって
ギモンばっかりだよ
ぱっ
ドサッ
痛っ
もぞもぞ
な、な、な、
なに……!?

あ痛たた……
ハーハー
コ、コウノトリの奴め随分高いところから落としおって……
関わっちゃダメだ関わっちゃダメだ
そろ〜
ってオい!!
無視すんな!!
おっほん!
恐れるでない　わしゃおぬしを救うためにやって来た者じゃ
す、救う？一体どういう意味よ？
フォッフォッフォッ……

「水天宮」……福岡県に総本社を置く水神また安産の神。

アワワワ
そ、そんなこと
急に言われても
第一私、応募した
覚えないし
んなこたどうでもいい！
まずは家に
案内せんか!!
腰を痛めた…
そしてナオヨ宅――
早速
本題じゃ
いまの世の中、情報過多で
育児も「ああしろ」「こうしろ」
ばかり……おぬしが
悩むのも無理はない
じゃが本来
子育てっちゅうのは
〝やらねばならんこと〟ではなく
〝やってはならんこと〟に
気づくことが大切なんじゃ

第一
「やれ」と言われたこと
すべて実践してたら
身が持たんじゃろ？
そうなん
ですよねぇ
スピー
ガチャ
ただいま〜
おみやげ
かってきたよ〜
CAKE
でも
「しないよう
にする」だけ
なら……
うんうん
私にも
できるかも
……
……誰と
話してんの？
CAKE
あ、おかえり！
紹介するね
コチラ
子育て案内人の
いくジイさん
人形……だよな
それ……

ちょ、ちょっと!! なに急に黙ってんの!? 話せよオイ!!
カク
カク
パパ おかえり～ おみやげはー?
……ナオヨ……
……ごめん……
ガバッ
オレ仕事で家のことまで頭まわんなくて……!! これからはもっと協力するから!!
へっ??
わ～ おにんぎょーだ!
残念じゃが わしの真の姿は 当選者にしか 見えんのじゃ フォッフォッ
こうして いくジイの 〝子育て案内〟が はじまったのです
いやマジで ノイローゼじゃ ないからね!!
うっ うっ
へんな おにんぎょ～

はじめに

みなさん、こんにちは。〝0点ママ〟のナオヨです。ワタクシ、千葉県の場末でがんばっていた元キャバ嬢、過去に恋愛指南の本を何冊か出させていただいていて、仕事が軌道にのりはじめたときにデキ婚。自分が母親になるまで、ぶっちゃけ、子どもというものが苦手だった私は、妊娠が発覚したときも、まず頭に浮かんだのが、「ラッキー、これで育児ネタで漫画描ける！」というセコイこと。こんな仕事をしているので、妊娠中から、徹夜や昼夜逆転なんて日常茶飯事ですし、〆切前ともなると、栄養ドリンクとスナック菓子だけで生活することもしばしば……。

それでも、なんとか無事に息子を出産。産後、バーテンダーをしていた夫には、子育てに協力してもらうため、半ば無理矢理専業主夫になってもらいましたが、結局、私の稼ぎじゃどうにもならず、夫婦共働きで子どもは保育園に預けることに。いまは、昼間の仕事に復帰した夫とともに、試行錯誤を繰り返しながら、子育てに仕事に、バタバタと動き回っている毎日です。

雑誌の仕事では、いまだ女の生態や恋愛指南、男女の本音などについて書いている私。そんな傍ら、ママ友ともしっかりお付き合いをしているのですが、最近よく話題に出るのが幼児教育の話です。「エチカ見た？」に始まって、「ヨコミネ式の保育園が近くにあったら絶対入れるのに」とか「カヨ子おばあちゃんの幼児教室、キャンセル待ちだって。入れたかったなあ」などと、0歳児からの教育話で盛り上がっています。

とはいえ、実際にはだれも何も始めていないし、何が本当にいいのかわからないまま雑談で終わることもしばしば。それまで私は、日々〆切に追われながら、最低限の家事をして、子どもにご飯と愛情を注ぐのに精一杯で、早期教育やお受験なんてものには、まったく興味はありませんでした。でもママ友の話を聞いたり、テレビで〝スーパーキッズ特集〟なんかを観たりするうち、「このままで大丈夫なのかな？」「うちの子も何か始めないとまずいかな……」という不安が、頭をよぎるようになりました。

流されやすい性格もあり、気になり始めたら、もう大変！ テレビや雑誌から次々流れる情報に振り回され、「本当のところはどうなの？」「結局、子どもにとって何がいいの？」と疑問は溜まっていく一方。しまいには、「子どもを育てるために、こんなにやらなきゃならないことがたくさんあるの～？」という嘆きにも似た思いがわいてくる始末。こうした子育てに関する疑問の数々をとにかくスッキリさせたい！　それがこの本を書くきっかけとなりました。

まずは、よく耳にする子育て情報を自分の目で確かめるべく、ウワサの現場に潜入取材。仕事で出会った先輩ママや、近所のママ友、保育園の先生の話など、現場の声もたくさん集めました。育児本も多々あさり、著者の方のお話もうかがったりしています。

もちろん、私は子育てのプロでもなんでもなく、フツーの漫画家。多くの方々の力を借りながら、「これでいいのでは？」と思った結論が書いてあります。この本でいろいろ教えてくれる「いくジイ」は、そうして書籍から集めた情報や、ご協力いただいた諸先輩方の知恵と知識の結晶として自然と生まれてきたキャラです。

この本は、こういうことをすればいい子に育つというようなハウツー本ではありません。強いて言えば、〝こういうことをしなくてもいい子に育つ〟という開き直り本です（笑）。私の周りにいるような「育児情報の洪水に疲れた～」「本当のいい子に育てるにはどうしたらいいの～」「なんとなく今の育児に不安……」といった悩みを抱えたママたちに、気楽に、楽しく読んでいただければ幸いです。

0点ママと
ゆかいな仲間たち

ナオヨ（27歳・漫画家）

息子（3歳・保育園児）**旦那**（28歳・サラリーマン）

自他ともに認める0点ママ。元女子大生キャバ嬢で、いまはしがない漫画家。楽天的だが、他力本願で流されやすい。

いくジィ（年齢不詳・子育て案内人）

突然空から現れた、子育て案内人。この道192年のベテラン。芋焼酎とあぶりイカが好き。会話できるのはナオヨだけで、普段はただの赤ちゃん人形。

良江（32歳・パート）

幸子（5歳・幼稚園児）**一郎**（3歳・幼稚園児）

夫（33歳・中堅メーカー勤務）

子どもにお金をかけるタイプ。学歴コンプレックスがあり「せめて子どもにはいい教育を」が口癖。

愛(23歳・パート)

羅夢《ラム》(3歳・保育園児) 夫(40歳・IT系)

ナオヨの元キャバ嬢仲間。キャバ嬢時代のお客と結婚。娘とのおそろコーデが大好きで、ヤンママ雑誌に親子モデルとしても登場。

清美(30歳・専業主婦)

恵子《エコ》(2歳) 夫(35歳・マスコミ系)

オーガニック・マクロビオティック信者。少々潔癖の気があり、最近はコーチングにハマる。過保護で心配性、ママ友も少なめ。

聡子(40歳・専業主婦)

諭吉(4歳・幼稚園児) 夫(47歳・歯科医師)

ザ・お受験ママ。子供は有名私立幼稚園に通い、エスカレーター式に私立小学校へ行く予定。「ほめ育て」「英才教育」を実践。

ヨーコ(35歳・会社経営)

ナンシー(8歳・小3) トム(2歳)

夫:ジョン(40歳・外資系)

自身で会社を運営するパワフルワーキングマザー。都内一等地のマンション住まいで、夫は外国人。子どもの自由と個性を重んじる教育方針。

『0点ママの子育て迷走日記』

もくじ

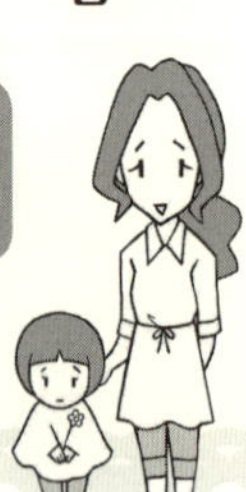

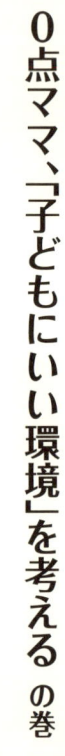

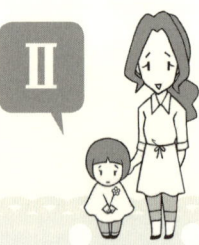

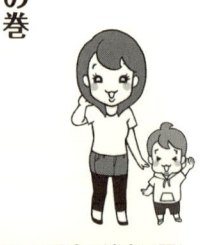

0点ママ、「しつけの仕方」で不安になる の巻

0点ママ、「子育てレジェンド」に振り回される の巻

V 0点ママ、「保育園・幼稚園・小学校」について考える の巻

I

0点ママ、「英才教育」に右往左往の巻

早期英語教育は
やっぱり必要？

みて～
みせて～
キョロ
キョロ
あれ？今日はさっちゃんいないんですね
幸子ね 今日はバレエ教室の日なの
幸子
(5歳・幼稚園児)
へーすご～い！公文だけじゃなくてバレエもやってるんですか～
はい、りんごむけたわよ
Oh！
It's an apple!!

えっ⁉ い、一郎くん…… もしかして いま英語 しゃべった……⁉
delicious!
ゴゴゴ
そうなのよ‼ いま一郎もね 駅前の幼児英語教室に 通わせてるのよ‼ **目指せバイリンガル‼**
やっぱりいまは国際社会じゃない？
ネイティブの発音は 小さいうちから触れていないと 慣れないっていうし
AB
LET'S ENJOY
1才からの DVD付
0才からの DVD付 英語教育
APPLE
BANANA
りんご 甘いね～♡
パク
It's so sweet! & fresh!
パク
……でも 時々なに 言ってるのか わからなく て……
パ、パードゥン？
なんと！ 子ども同士だけ じゃなく 親子の会話まで 成り立っとらんとは‼

〝習い事選択セミナー〟が教えてくれたこと

親子で会話が成り立たなくなるのは困るけど、良江の気持ちはわからなくもありません。私はまるっきりの英語オンチでまったく話せないし、英語の成績もよくなかったし。だから英語は、永遠の初恋の人、憧れの人、みたいになっています。息子が大きくなって、英語をペラペラ話せたら格好いいし、私のように苦労しなくてすむんだろうな……。大きくなって海外旅行に行ったとき、息子が通訳してくれたら私も大助かり！　それで、彫りの深いラテン系美女と結婚して、可愛いハーフの孫が生まれて……妄想は膨らむ一方です。

そういえば元スッチーのママが、1歳の娘さんが壁にかかったサイの絵を指さしたとき、「サ・イ、サイだよー、ライノソー、ライノソー」と教えていたのを見たことがありました。聞けば、普段から日本語と英語を同時に教えるようにしているとのこと。でも、それをやるには、親も英語ができないといけないし、日本語だって、たまにあやしい私には到底無理。これはやっぱり、プロに頼むしかない！　と。

そんなことを考えながら、良江の家から戻った私は、さっそくネットで「英語教室3歳児」と検索してみることにしました。いままで知らなかったけど、大人向けの大手英会話学校も、けっこう子ども向けにスクールを開いています。大手以外となると、スクールの数は膨大！　それらのサイトの中から、気になったものを選んでのぞいてみました。

「子どもの能力は環境を与えられればぐんぐん伸びます。当スクールは、右脳開発理論を取り入れ、英語による〝保育〟と〝英才教育〟を行っています」

「早期英語のメリットは発音。LとRの違いは、幼児期に習得しておかないと、大人になってからでは難しいのです」

「幼児期に英語を聞かせれば、ネイティブの発音を習得しやすくなります」

広告なので当たり前かもしれませんが、カリキュラムの内容や体験談を読めば読むほど、不安と焦りが出てきます。それに、レッスンは歌で覚えたり、教室で使う道具もかわいいから、飽きっぽい息子にもぴったりかもしれない、と、気づいたら心は半分、あちら側に踏み込んでいた私。

今夜、夫に相談してみようかな。

影響されやすいヤツじゃのう……。自分の目で確かめてからでも遅くないじゃろうが。

えー、でも思い立ったら吉日って言うし、それにスクールの無料体験とか行って勧誘されたら、私断る自信ないし。

意志の弱いヤツじゃ……。それなら、その前段階の話を聞きに行くとするか。

そう言って、いくジイが教えてくれたのは、区が主催している無料の託児付きセミナーでした。お題はズバリ、「0歳からの未来設計　～習い事選択を悩んでいるあなたへ～」。ちょっと乗り気になりかけていたけれど、確かに情報収集をして話を聞いておくのはいいのかも。そんな軽い気持ちで応募したのですが、後先考えず動いてしまう私にとっては、とても勉強になるものでした。

＊　＊

そのセミナーで壇上に立った先生は、子育てアドバイザーという資格を持っていて、1000人以上の親子をカウンセリングしている方でした。参加者は約20名。その中でいちばん多かったのは、私と同じ3歳児を持つママで8人。熱心なことに、まだ子どもが0歳のママも2人いました。

先生は、事前アンケートでいちばん質問が多かったという「プリスクール」の話からしてくれました。

ここ数年、英語教育を目玉とした「プリスクール」というものが増えているそうです。保育時間は、午前中だけだったり、ランチを含めて1~2時間程度。「幼児教室」に外国人の先生を入れることで「英語」を集客の売りにし、受講料を値上げしたりしているようです。「英語で○○」というクラスを設けたり、「○○インターナショナルスクール」と名乗る教室が多くなったことで、日本に急激にインターナショナルスクールが増えたように感じますが、それは本来の意味と違い、〝英語を売りにした幼児教室〟が増えているのが実状とのこと。

先生はそこで、「インターナショナルスクール」について、基本的なことを説明してくれました。日本で「インターナショナルスクール」「プリスクール」と言われる保育施設は、大きく次の二つに分かれるそうです。

〈英語をとりいれた幼児教室〉

日本では、こちらを指すことがほとんど。幼児教室に英語という付加価値をつけ、集客や価格アップを狙う経営目的のものが多い。「○○プリスクール」「○○インターナショナルスクール」などと名乗ってはいるが、外国人より日本人の子どもが多いのが現状。

〈日本に住む外国人を受け入れる国際学校〉

基本的に、親が日本人同士の家庭では入ることは難しいといわれている。文部科学省が認定している学校（次ページ表、文部科学省ＨＰから抜粋）。

いままで、インターナショナルスクールに通っていると聞くと、「すごいな」「優秀な子なんだろうな」と思っていたけど、なーんだ、ほとんどは誰でも入れる英語の幼児教室なのね……なんて、ホッとしていると、一人のお母さんがすかさず手をあげて、鋭い質問をしました。

「先生、うちの娘はいま、３歳です。インターナショナルスクールに興味があるので

国際的な評価団体認定外国人学校一覧（平成22年3月26日現在）

北海道インターナショナルスクール
東北インターナショナルスクール（宮城県）
コロンビア・インターナショナルスクール（埼玉県）
セント・メリーズ・インターナショナルスクール（東京都）
清泉インターナショナル学園（東京都）
聖心インターナショナルスクール（東京都）
アメリカンスクール・イン・ジャパン（東京都）
クリスチャン・アカデミー・イン・ジャパン（東京都）
カナディアンインターナショナルスクール（東京都）
サンモール・インターナショナルスクール（神奈川県）
横浜インターナショナルスクール（神奈川県）
名古屋国際学園（愛知県）
インターナショナル・クリスチャン・アカデミー名古屋（愛知県）
大阪インターナショナルスクール（大阪府）
カネディアン・アカデミィ（兵庫県）
マリストブラザーズインターナショナルスクール（兵庫県）
広島インターナショナルスクール（広島県）
福岡インターナショナルスクール（福岡県）
沖縄クリスチャンスクール・インターナショナル（沖縄県）

※小学校からのスクールも各所にあるが、その場合は、中学校にあがるときに中学以上あるインターナショナルスクールに行くか、海外留学が必須。そこから日本の公立や私立中学校にあがるのはかなり大変になる。

すが、じゃあ、文部科学省が認めたきちんとしたところに入れれば、バイリンガルになれるってことですよね？」

確かに。まわりが外国人だけで毎日英語で生活するような環境だったら、イヤでも身につくだろうな。そう思ったのですが、先生の答えは意外なものでした。

「それはバイリンガルとはいえないと思います。バイリンガルを目指すなら、まずは母国語である日本語をきちんと話せることが大切です。何より、日本人であるという基本があってこその〝国際人〟ではないでしょうか。言葉だけ二カ国語話せても、イメージされているような憧れのバイリンガルとは、違うと思うのです。ところでみなさんは、〝ネイティブの発音を習得させるためには、幼児期に英語を聞かせたほうがいい〟という話を聞いたことがありますか？」

と、先生は逆に会場の参加者に質問しました。ほとんどの人がうなずいていましたし、もちろん私も。しかし先生は、またも意外な話をしてくれたのです。

「以前、カウンセリングをした子に、アメリカで生まれて6歳まで海外生活をし、父親の仕事の関係で帰国したお子さんがいました。小学校の最初のころは、日本語が話せず、だいぶ苦労したそうです。しかも、日本での生活が中心になったことで、英語はすっかり使わなくなりました。いまその子は高学年ですが、英語の授業でも、発音はほかの子と変わらず、耳も忘れてしまっていました。幼児期からはじめても、常に英語の環境にいないと身につかないという例です」

えっ、それってほんと意味がない。お金のムダってこと？　とびっくりしていると、先生は最後にこんな話をしてくれました。

「もし、日本人同士の親御さんのご家庭で、日本にあるインターナショナルスクールに入れたいなら、将来的に日本で生活しなくてもいいという覚悟が必要です。子どもが自分で選択ができるようになってからならとくに問題はありませんが、幼児期に入れてしまった場合には、気づいたら子どもは英語の環境。インターナショナルスクール内は、外国といっても過言ではありませんので、日本での普通の生活に対応できなくなる可能性があります」

先生は、早期英語教育は「必要ありません」と直接的には言ってはいませんでしたが、「早くはじめなくても大丈夫。焦らなくてもいいんですよ」というニュアンスで、血走った目をして先生の話を聞く私たちを、落ち着かせてくれたのでした。

で、どうするんじゃ。プリスクールに通わせるのか？

まあ、話を聞いたら、いまからやらなくてもいいかなと思った。うちは純日本人の家庭だし、息子とは日本語で話したいし。

そう言うと思っとったわい。

それに、よく考えたら、息子の通ってるフツーの保育園にだって、ヨーロッパ系にアジア系、いろんな国の子がいるし、それだってちょっとした異文化交流よね。

そうじゃ、モノはとらえようじゃ。

ということは、日本国内でも、ラテン系美女との出会いは十分あると。

そっちか！　ま、英語を学ぶのに早い遅いはない。大人になってからでも、本人のヤル気次第でどうにでもなるっちゅうことじゃな。日本で生活していくなら、それよりも前に身につけるべきものがあると、わしは思うぞ。

ジイの格言！

「apple（アポー）」の前に覚えよ「林檎《りんご》」

右脳教育は
3歳までにしなきゃダメ？

超高速!!
カメラけしゴムぶたライオンさぼてんりんごカエルえんぴつクリスマスツリーとんかちゼリーひこうきそうじきじょうぎテレビいちごたぬきくつしたクロワッサンゆびわ……
子どもの脳が柔軟なのは3歳まで
当スクールではこれまでに上質な右脳を育てます
……
……
現在息子3歳と1カ月
いかーん!! 1カ月過ぎとる〜!!
りんごやカエルじゃ追いつけない!! 歴代総理大臣のフラッシュカードで対抗せねば!!
この絵でおぼえてものう…

右脳を教育する幼児教室で何を教えているのかというと……

最近、ママ友が集まると決まって話題になるのが、0歳児教育のこと。そこで、「英語」と同じくらい、よく出てくるテーマは「右脳」です。といっても、息子は3歳を過ぎているので、ママ友たちと話しながらも、「うちはもう手遅れ？　でもそういう子はいったいどうすればいいの？」などと、ひとり悶々としていることもあります。

気にしなくていいと思っても、テレビで、英才教育のプロと噂のカヨ子おばあちゃんが出てきたり、ものすごく計算が速いスーパーキッズを見ると（ちょっと怖いけど）、目が釘付けになってしまうのです。

いまからでも遅くはないと思って教室に通わせたほうがいいのか、まじめにフラッシュカードを手作りしようか、でも、そもそも「右脳を鍛える」となんでいいんだっけ……などなど、考え始めたらいろいろ疑問がわいてきました。こういうときは、とりあえず近所の本屋さんへ。情報集めに、育児本コーナーへ直行しました。

しかし世の中には右脳に関する本だけでもたくさんあるものです。『右脳活用式〜』『赤ちゃん・幼児の知力と才能を伸ばす〜』『天才児をつくる〜』など、惹《ひ》かれる言葉が次々目にとびこんできます。とりあえず、気になっている久保田カヨ子おばあちゃんの本を買って勉強してみることにしました。

ところが本を読んでみると、カヨ子おばあちゃんのメソッドは、テレビで私が見たときの印象とちょっと違うのです。私の読解力に問題がなければ、「スキンシップをとると情緒の安定したいい子が育つ」というのがこの本のテーマで、昔から言われている〝子育ての基本〟が書いてあります。「記憶力のある小さいうちに何でも覚えさせて天才児をつくる」という、いわゆる「右脳教育」のイメージとは、ちょっと離れたものでした。それなら、巷《ちまた》で右脳教育をうたった幼児教室は、いったい何をしているの？

「そういえば、右脳教育の幼児教室のチラシ持ってなかったっけ」

と、ある日、ママ友の良江に電話をかけると、

「やっとナオヨちゃんもやる気になったのね！　これこれ。わたしの友だちが子ども

を通わせているところ」

と、資料を持ってうれしそうに遊びに来てくれました。見せてくれたのは、「早期英語教育と右脳教育」をうたう幼児教室のチラシ。びっしり書かれた内容をよくよく見ると、カリキュラムはなんと分刻み。レベルは年齢によって分かれているのですが、たとえば3歳児の習得目標を抜粋するとこんな感じです。

・英語アルファベットが読め、書けるようになる
・アラビア語文字を読めるようになる
・英語、フランス語、アラビア語の違いを理解する
・月や曜日、数字、など日英仏アラビア語で言えるようになる
・簡単な足し算引き算が日英でできるようになる
・九九の暗唱ができるようになる
・初歩英会話ができるようになる
・丁寧語で日本語が話せるようになる
・偉人を覚える……など

「う、うそー……うちの息子と同じ年の子が、本当にこんなことやってるの!?」

「友だちの子はまだ0歳だから、どうなのかわからないけど、教室開いて教えているからには、やっぱりできる子はいるんじゃない？」

「でも右脳教育って、想像力や感受性を豊かにする、みたいな話じゃなかったっけ？これって情緒を育てるというよりは、単に詰め込み教育みたいな印象なんだけど。これじゃ、早期英語教育と変わらないじゃん」

と言ってみたものの、極端な内容を知るほどに、なぜか憂鬱《ゆううつ》になっていくこの気持ち……。

その反動からか、「右脳教育はダメだ」と言っている人いないかな〜と、ある日、調べていると、「幼児期の早期右脳教育の弊害」という週刊誌の記事に当たりました。記事を読んでいくと、「弊害」とあるから当然なのですが、右脳教育にハマったお母さんたちには、これは受け入れがたい実態だろうな、と思ってしまうような内容が書かれています。

たとえば、「語学や四字熟語などを2歳くらいから覚えさせていた子が、幼稚園に入って奇行が始まった。壁に向かってブツブツ言うようになり、最後には心療内科へ！」とか、「0歳からフラッシュカードをはじめ、3歳で〝神童〟と騒がれた子も、6歳のいまはすべて忘れている」といった内容です。これらが本当なら、なんだかちょっと怖くてつらい結果……。

半信半疑で記事に目を通し〝弊害情報〟に驚きながらも、記事の最後にあった「早期右脳教育は悪いわけではないが、いいという立証もされていない」という結論に、どこかホッとした自分がいました。

ここ最近、どうも〈右脳＝直感、記憶〉という図式が出来上がっているようじゃな。それで、子どもを天才にしようと、早い時期から記憶力を訓練させてるようじゃが。

思ったんだけど、いま世の中で活躍している人で、「私は右脳教育を受けてました！」って胸張って言う人、聞いたことないよね（言わないだけ⁉）。

ま、情緒の安定した子に育てたいのなら、語学や計算力よりも、カヨ子とかいう婆さんの本でいうところの、親子のスキンシップのほうが役に立つのは、わかりきったことじゃ。目新しい情報に振り回されないことは大事じゃな。

右脳左脳で右往左往するなってことね。

誰がうまいこと言えと……。

ジイの格言！

右脳の〃メタボ〃に要注意

スポーツ選手にするなら、小学校からじゃ、もう遅い？

でんわだよぉ♪
CALL なおよちゃん
もっしー♡ え、今週の土曜日？ ごめぇんゴルフだぁ
愛
(23歳・パート)
え、愛ちゃんゴルフ始めたの？
ちがうよぉ ラムの習い事♡

パチ
パチ
パパ(旦那)がね
「第二の石川遼
にするんだ」って
はりきっちゃっててぇ♡
女の子なのにね
WINNER'S PRIS
¥2,700,000
え〜いいな〜
うちも習わせようかな?
ちなみに月謝って
いくら? 道具代は?
うんうん……
えっ!?
そんなに
すんの!?
でもいま投資しとけば
将来ガッツリ
稼いでもらえるかも……
う〜ん賭けるか
賭けまいか……
子どもで
ギャンブルとは
世も末じゃのう
入りますっ

アスリートの親たちに学ぶ運動神経の伸ばし方

「漫画家の子どもだからオタク」と言われるのもしゃくだし、男の子だからスポーツができれば小学校時代は絶対モテる、これは息子にとってもいい話のはず……。もちろん、運動オンチの私の子ですから、運動センスがないなら仕方ないし、たいした期待はしていません。でも、いくジイに言われるまでもなく、影響を受けやすい性格の私。愛ちゃんの話を聞いてから、「何事もやってみないとわからない！」と思い立ち、（それにゴルフって、運動神経はあまり関係ないって聞いたことあるし）3歳児からでもできるゴルフスクールを探し始めました。

こんなとき、頼りになるのはウェブサイトです。息子が本気でやってくれるかどうかわからないし、クラブを一式揃える余裕もないので、道具を持っていなくても、練習場に行けば貸してくれて、お試しで体験できるスクールを検索しました。しかし驚いたのはスクールの数の多さ。やっぱり〝遼君、藍ちゃん効果〟なのか、早くから習わせたいと思う親がたくさんいるんだなぁ。直感でよさそうなところを選んで、さっそく週末、息子を連れて行ってきました。

そのスクール情報によると、「いろいろな器具を使い、遊びの要素を取り入れながらレッスンを行い、楽しみながら学びます。クラブその他は完備しておりますので、運動のしやすい服装でいらしていただければOKです。目標は、1年くらいでショートコースを一人で回れるようになることです」とのこと！

「斉田さん、この子は才能がありますよ」「え!?　そうですか!!」「うん、筋がいいですね」……なんて言われたりして（ニヤニヤ）。

本当におめでたいヤツじゃ。それに加えて親子で飽き性じゃからなぁ、これは先がおもいやられるわい。

先生との会話を妄想しているうちに、家からそう遠くないところだったので、あっという間に到着しました。

先生にご挨拶《あいさつ》をして、まずは準備体操から。親は横で見ているだけだからラクチンです。その後は、ゴルフボールを触ったり、ゴルフの説明などをしてくれました（これは親向け）。

初日からボールを打たせてはくれないんだろうなと思ったら、「スナッグゴルフ」といって、プラスチックのおもちゃのような子ども用のクラブとテニスボールくらいのボールを使って、息子も打たせてもらっていました。

その様子は……。ゲートボールに毛がはえたような感じといいますか、初めの想像とは違いました。ただ、棒でボールを打つ体験が息子も面白かったらしく、「またやりたーい」と楽しそうに言ってくれたことはよかったです。

そのスクールは、月4回のレッスンで5000円と、他の習い事と変わらないし、才能があるかどうかを見極めるにはいいかもしれません（ゴルフセットを揃えるのはお金がかかるけど、将来、賞金王になることを考えればちっぽけな額だし！）。

ちなみに、活躍している日本のプロゴルファーがゴルフをはじめた年齢を調べてみると、次のようになりました。

＊男性　♂

石川遼（6歳）　池田勇太（6歳）　丸山茂樹（10歳）
片山晋呉（12歳）　尾崎将司（21歳）
（ゴルフダイジェストウェブより）
＊女性　♀
宮里藍（4歳）　横峯さくら（8歳）　諸見里しのぶ（9歳）　上田桃子（9歳）
東尾理子（8歳）　不動裕理（11歳）　福嶋晃子（10歳）
（日本女子プロゴルフ協会より）

タイガー・ウッズが3歳から始めたという話が世界をかけめぐったころから、ゴルフの低年齢化は進んだそう。小さい頃からはじめたら、一流になる可能性が広がるとはいえ、実際に活躍する人は、どのような幼少期を過ごしてきているんだろう……。そんな実態が知りたくなって、今度は、多くの有名スポーツ選手のマネージメントをしている「株式会社スポーツビズ」に、取材を申し込みました。

こちらの会社は、一流のスポーツ選手を多数抱えています。たとえば、スキーモーグルの上村愛子さんや、ノルディック複合の荻原兄弟、シンクロの小谷実可子さん、フィギュアスケートの八木沼純子さん、バレーボールの中田久美さん、フェンシングの太田雄貴選手、ほかにも、プロ野球選手、プロゴルファーの方が多数所属しています。そうした選手と話す機会も多く、小さい頃からの話を多数知っている、代表取締役の山本雅一さんに話をうかがうことができました。

「アスリートとして成功していて、小さい頃からやっている人に共通しているのは、親の力と努力ですね」

「えっ、親も努力しないとダメなんですか」

「(苦笑)運動神経の基礎は、親との関わりによって培われているのだと思います。学校などの部活動に所属する前は、親が見本ですから。たとえば、イチロー選手の場合。学校が終わったらバッティングセンターに通っていたなどさまざまなエピソードがありますが、とことん付き合っているお父さんの存在はすごいと思うんです。イチロー選手は、自分のお小遣いを使ってでもバッティングセンターに通っていたという強烈なモチベーションがありますが、親の陰の努力がすばらしいですよね」

「な、なるほど……」

「スキーの荻原兄弟は、親から『スキーの選手になりなさい』と言われたことはないと聞きました。彼らは群馬県の草津出身なのですが、リフトが止まった後も、親が車で頂上まで送っていき、ナイター照明の下、ふたりで毎日飽きるほど滑っていたそうです。その一方で、器械体操も習っていたようですが、後で考えると、筋力をアップし、運動能力やバランスがよくなることを想定して、親御さんが習わせていたそうなのです。環境を上手に整えていた親御さんだったんですね」

「そうですか……」

「レスリングの山本美憂選手は、お父さんがオリンピック選手ですから、子どもも選手にしたいと思ったのでは、と考えがちですが、美憂さんは6歳まではバレエやバイオリンをやっていたとのこと。2歳年下の弟さんが小さいころからレスリングをしていて、道場に付き添っているうちに興味をもって『レスリングをはじめたい』と自ら言ったそうです。女の子に無理矢理させていたら、反発したかもしれないとお父さんは言っていたようです」

「親も努力しなきゃってことですね……」

「お子さんに夢を託すのは決して悪いことではありませんが、親は『興味を持たせる』ことが大切ですね。お子さんの資質を見抜いて、いい形での『縁の下の力もち』になってあげればいいのではないでしょうか」

子どもの素質を見抜く目と親の努力かぁ。なんだかハードルが高くなっちゃったな。

早いうちに高額なクラブを揃えて、有名ゴルフ教室に入れとくだけで、遼くんみたいな子が育つと思ったら大間違いじゃぞ。自分はラクして子どもに稼がせようなんて、よこしまな考えはこれでなくなったじゃろうが。

こうなったら、いまから私のアシスタントをさせて、将来は、累計発行部数1億万部の売れっ子漫画家としてデビュー！　運動オンチだけど絵は好きみたいだし、それにこれがいちばん、先行投資が少なくて済みそう。よし、これでいこう！

ジイの格言！

子どもの才能開花の肥やしは親の愛情

習い事は〝プロ〟に任せたほうがいい？

イェイ♪
イェイ♪
も、もしかして
この子ダンスの
才能あるかも……!!
親として何かして
あげなきゃ！
ヘーイ♪

そういや
さっちゃんが
ダンスも
習ってたっけ
良江さんに
聞いてみよう!
ピッ
もしも〜し
あ、ナオヨちゃん
うんうん……
え?
ダンス教室?
それなら絶対
RUI先生のとこよ!
有名ダンサー何人も
輩出してるんだから!
ゆ、有名
ダンサー!!
さっそく
見学に
行きなさいよ
場所は
六本木駅から
歩いて30分……

う〜ん、ちょっとそこだと遠くて通えないかも往復3時間かかっちゃうしもっと近くでないですかね？

何言ってんのよ!!

子どもの将来を考えたらそのくらい頑張らなきゃ！うちなんてバレエにピアノに英会話、習字にスケート、ダンス全部送り迎えしてるわよ！裏千家の茶道教室なんて片道3時間もかけて通ってるんだから!!

こりゃ相当ストレスたまっとるな…

本気で息子さんをダンサーにしたいのなら……

カキカキ
ちょ、ちょっと待って！やっぱりウチの子ダンスより絵の才能があるかも！

あら、それならいい先生知ってるわよ！

どっちも親バカじゃな

子どもの才能を見抜く術をプロに聞いてみた

昨日は「野球をやる！」とバッティング練習をしていたと思ったら、今日は「マイケル・ジャクソンになる！」と、家で一生懸命ダンスをしているわが息子……。こんな飽き性の息子に付き合って、「これならいける」と習い事をさせていたらキリがないし、第一そんなお金もない。とは思うものの、周りには、子どもの習い事に熱心なお母さんも多いし、この間のスポーツビズの山本さんの話を聞いたら、親に見極める力がないと、子どもの才能をおめおめつぶしてしまうのでは、という新たな不安がつきまとい始めました。だけど、何からやらせたらいいのやら。

そんなある日、仲のいいライターの先輩ママと外で話をしていたときのこと。彼女のお友だちで小学生のお子さんがいるママたちが通りかかり、気になっていた習い事の話を聞ける機会がありました。

特に印象に残ったのは、ほぼ毎日、娘さんを習い事に通わせているというAママの話でした。その娘さんは6歳で、この4月から小学生。彼女の1週間はこんな感じです。

月曜日：スケート　火曜日：ヤマハのピアノ　水曜日：日舞とダンス
木曜日：ヤマハの英語　金曜日：ダンス　土曜日：水泳とワークショップ
日曜日：家庭教師

あれ、遊ぶ時間がまったくない……。

「お子さん、大変じゃないんですか？」

「そんなことないのよ。ぜんぶ自分でやりたいって言い出したんだから」

その娘さんは、お友だちが何かやっているという話を聞くと、すぐ「私もやりたい」と言い出し、Aママがよさそうなところへ見学に行くそうです。すると体験入学で娘さんが面白がるので、結果的に1週間がすべて習い事で埋まった模様。

もうひとりのBママの話を聞くこともできました。Bママ自身は、ピアニストを目指して音大も出たけれど、普通のOLになり、サラリーマンの夫と結婚したという経歴の持ち主です。娘さんは6歳で、3歳からピアノを始めて、有名な先生のところへ30分かけて通っていました。でもBママは経験豊富な分、自分より下手な人からピアノを教わりたくない。通わせていた先生に納得がいかず、別の先生を見つけました。自宅からは1時間かかりますが、「コンクール」に出場する子どもしか教えないという、ピアノ教室の世界では有名な先生です。

さっそく見学に行き、娘のピアノを見せると、「指の力が足りないわね。今日から、毎日指で鍵盤をたたく練習をしてもらいます。それでも続けますか？」と先生から厳しいお言葉。娘さんは萎縮《いしゅく》していたそうですが、Bママは大満足して、その教室に変更したそうです。

努力の甲斐あって、娘さんも小学生になるとコンクールの一次を通過するほどになりました。ところが、3人兄弟の長女である娘さんにそこまで力を入れたBママに、思わぬ負担が。下の子をシッターに預けながら、上の子を1時間かけてピアノ教室へ通わせていたため、経済的にも体力的にも限界がきて、結局はまた近くのピアノ教室に変更したそうです。

「やっぱり、みなさん子どものためにいろいろ骨を折ってるんですねぇ。ところで先輩、ちょっと漠然としてますけど、もっとこう、子どもの能力全般をパーッと伸ばしてくれそうな習い事ってないですかね」

「ナオヨちゃん、相変わらず大雑把だねぇ。でもまあ、なくはないかな」

と、先輩ママに紹介してもらったのは、いまテレビで人気のこども店長こと加藤清史郎くんもいる「劇団ひまわり」でした。

「いや、別に息子をタレントにしようとまでは思っていないんですけど……」

「劇団っていってもね、演技以外のレッスンもいろいろあるらしいし、最近は、しつけの一環で通わせている親もいるみたいよ」

「才能も開花させてもらって、しつけもばっちりかぁ。いいかも！」

後日、さっそく劇団ひまわりに連絡をとって、レッスンを見せていただくことになりました。

さすが、大手の劇団！　幼稚園児が通う幼稚部だけでも、「歌、演技、日舞、作法」と、月謝内で4つのレッスンを受けられる仕組みになっていました。習い事感覚で4つレッスンが受けられると考えると、料金は安いのかな……。一通り見学させていただいた後、劇団ひまわりの代表、砂岡不二夫さんにお話をうかがうことができました。

「劇団を設立したときから、私たちが念頭においていることがあります。それは、『テレビや雑誌向けのルックスのいい子を見つけることではなく、子どもの才能を引き出す』ということです。人間の成長にとって大切なことは、子どもが一心不乱に遊ぶさまにすべてがあると思います。年を重ねるうちに、そうした天才性は残念ながら失われてしまいますよね。そうした中から子どもの才能を見つけ、伸ばし、才能の芽をつまないようにしているんです。最近は、単純にテレビに出たいからというのではなく、〈子どもの才能を引き出すきっかけ〉として、オーディションにこられる方も増えていますよ」

ふんふん、なるほど。タレント志望の可愛い子しか入れないってわけじゃないんだ。子どもの才能を見つけてあげられるかどうか自信のない私には、もってこいかもしれない！　ついでに先輩の言っていた「しつけ」の話も聞いてみました。

「たとえば、幼稚部にある〈作法〉というクラスは、年配の女性講師がいて、子どもたちが仕事場に行ったときのマナー——挨拶をしたり、人の話を静かに聞く——といったことも、厳しくしつけているんです。ただ、劇団に預けたから安心、ではなくて、家庭でも同様に実行していただけるようお願いしています。活躍している加藤清史郎くんは、いまでも仕事がないときは、時間が許す限りレッスンに来ています。お母さんがしっかりした方なので彼も有頂天にならず、まじめです。レッスンの大切さも知っているのです。そのまじめさが伝わって人気が出たのだと思います。子どもの才能をプロにまかせて見出したいのであれば、入るときにもきちんとしたリサーチが必要ですし、入ってからは、継続できるための協力が必要となります。みんなで子どもたちを応援していきたいですよね」

息子を第二の石川遼に、って勝手に夢見たときもそうだけど、プロに任せればプロが育つほど、世の中甘くはないのよねぇ。

スポーツもしつけも一緒じゃ。外で学ばせれば、家は無法地帯でもいいなんて、そんなバカな話はない。何事も基本は家庭からじゃ。どんなことでも、結局は親に戻ってくるってことじゃな。

はーい。しかしお母さんたちの子役ブーム熱は、いまだ高いわ。考えたけど、息子の顔じゃ、芸能界で上にはのぼれなさそうだし、それだったら一般の会社で、「テ

レビに出れそうなくらいかっこいい！」って言われているほうが何かと得かも。

やっぱり劇団には入れないでおこうかな。

おぬし、悩むポイントがずれてきとるぞ。

他人まかせはほどほどに

ジイの格言！

Ⅱ

0点ママ、
「子どもにいい環境」
を考える
の巻

着るもの、食べるものはオーガニックじゃなきゃダメ？

ガチャ
いらっしゃーい
今日はお招きありがとう！
清美
（30歳・専業主婦）
おじゃまちましゅ
エコ
（3歳・幼稚園児）
あれ　なんだか大荷物だね
ご、ごめんなさい……持ち歩かなきゃいけないものがたくさんあって

エコちゃん
ここの上に
座ってね
ハイ…
え……
うちって
そんな汚い？
さっ
ガサゴソ
ハイ
子どもたちに
お菓子♡
わーいっ
ちょっと
待って！
じーー…
あ、コレ……
添加物使ってる……
「遺伝子組換じゃない」の
表示もないわ……
な、なにソレ!?
ヤバイの!? 私いつも
食べてるん
だけど……
ドキドキ

ヤバイっていうか
なんていうか……
ただうちはいつも
マクロ
ビオティック食
なのよね
マ、マクロビ？
……エアロビ
的な……？？
かわいい～
いくジィって
いうの
ダメ!!
ばっちい
でしょ!?
ひっ
お顔にスリスリ
するのはダメ
っていったでしょ
ごめんちゃい
ぶ、無礼な!!
わしゃ　毎日
風呂入っとるゾ!!

「マクロビ」ならぬ「リビングフード」を実体験

食事って、疲れてるときは、ついつい手を抜いちゃうのよね。スーパーのお惣菜ですませたり、何日も同じメニューが続いたり。徹夜明けでグッタリしてる朝は、登園前の息子に、シリアルしか食べさせてあげられないこともあるし。

(わしもこの家に来て、スルメイカと牛乳しか口にした記憶がないわい)

私の場合、料理の腕に自信がないから、外で食べたほうが味も栄養もマシなんじゃないかって気もするんだけど……。でも清美と話してたら急に不安になってきたよ。やっぱりそういうのって子どもにもよくないよねぇ。もっと添加物とかに気をつけたほうがいいの？　私もマクロビなんとか食にするべき？

なんでも極端から極端に走るのがおぬしの悪いクセじゃが、不安なら、話を聞くのにぴったりな人が、この前、いたじゃろうが。

いくジイにそう言われて思い出したのは、とある健康雑誌の取材で会った「日本リビングフード協会」の、いとうゆきさんのことでした。彼女は「リビングフード」という新しい食文化をアメリカで学んで日本で広めている第一人者です。

リビングフードっていったい何？

その取材で私が学んだことを、ここに簡単にまとめると、リビングは「生きている」という意味の「LIVING」のことで、「生きている〈酵素〉をとりいれる食事をしましょう」という考え方や実践のこと。

人間の体を形成している「酵素」は、外の食事から積極的に摂ることが健康維持のためにも大切だそうです。酵素を含んだ食べ物を摂ると、新陳代謝がよくなったり、免疫力を高め、体の不調が改善していくというのです。

酵素不足が体によくないことは、ベストセラーにもなった『病気にならない生き方』という本でもうたっていて、医学的には証明されていることのよう。ただ、食物に入っている酵素も、加熱すると46〜48℃で死んで効力を失ってしまうため、生野菜やくだもの、発酵食品などを中心にして、加熱食品やインスタント食品は控えめに、というのが基本的な考え方なのです。

ちなみに、似たように思える「マクロビオティック」の調理法は〝加熱〟がメインなので、リビングフードとは異なります。

そうしたリビングフードを広めているいとうさんは、リビングフードインストラクターの資格取得の講座を実施したり、予約制のカフェを開いたり、また、リビングフードを、より多くの人に知ってもらうために「クッキングスクール」も実施しているのです。

そのスクールの体験セミナーに実際に参加してみたらどうじゃ。

そうだね。百聞は一見にしかずだもんね。

あらためて調べてみると、参加費は1回4000円。リビングフードの説明や、基本の料理体験、試食もできるようでした。受講時間は2時間です。

＊　＊

会場の「日本リビングフード協会」は、代々木公園駅から徒歩5分のところにありました。私が行った日の参加者は4名。うちひとりが男性で、30代前半。「料理が趣味で、食事はいろいろ気にかけている」とご本人。あとは、ヨガのインストラクターで不思議ちゃんタイプのＯＬさん。もうひとりは、子育てが一段落して、資格を取ろうと情報を集めているうちに、リビングフードを知って体験にきた50代の主婦の方。

さて、わいわい雑談しているうちに、いとうさんの登場です。初めに、なぜいとうさんがリビングフードに至ったかについて話を聞いたのですが、いまの様子からは想像がつかないような経験でした。

彼女は30歳になったとき、過度のアトピーになってしまったそうです。皮膚科の薬も合わず逆効果。ひび割れになって、風があたってもヒリヒリする始末。医者にも見放され、いったんあきらめたのですが、「食事を変えて自分で治してみよう！」と一念発起。聞いたことのあった食事法「マクロビオティック」を試しました。

玄米菜食を中心とし、旬の食材を旬の時期に、手をかけすぎない方法で調理するマクロビオティック。穀類や野菜、海藻を中心に、タンパク源は主に大豆製品から摂り、日本の伝統食をベースとするこの食事法に、彼女はどっぷりつかったそう。ひび割れの顔は、それでとてもきれいになったそうです。

しかしひとつだけ難点が。きれいにはなっても、アトピーが完全に治っていないことへの不安でした。

本当にこの食事法だけでいいのだろうか、と思っていたときに出会ったのが、「リビングフード」という考え方でした。そこで彼女は、本場カリフォルニアのリビングフード・カフェに行き、アメリカで短期料理留学。その思想に感銘を受けて、日本で「リビングフード協会」を立ち上げたとのこと。

そんな半生を聞きながら、料理のデモンストレーションはすすんでいきました。

試食したのは、トマトパスタとサラダ、クッキー、酵素ジュースなど。「加熱しないのにパスタ？」と不思議に思うかもしれませんが、いわゆるパスタとは違います。大根を〝パスタ状〟にする機械があり、そこにミキサーでつくったトマトのソースをかけているのです。その見た目にも新鮮な味にもビックリでした。

そうして、おいしく楽しくリビングフードをいただいたのですが、私がとくに印象に残ったのは、セミナーの最後に、いとうさんが言った言葉でした。

「私はアトピーを治すために、さまざまな食事法を勉強しました。どんな食事法にも学ぶところがあり、とても面白かったです。でも、いろいろな食事法を推奨する団体の方たちと話していたとき、ふとヘンだなと思ったことがありました。自分が傾倒している食事法以外を受け入れない方がいるのです。もちろん、気に入ったことを実践するのはいいのですが、他の食事法を一切とりいれず、ほかはみんな悪だ、と決めつける人がいるのは心配です。私は肉は食べませんし、教えているのもリビングフードですが、毎日100%リビングフードではありません。以前実践していたマクロビオティックも、加熱するからダメ！　なんて否定する気はまったくありません。これはダメ、あれもダメという禁欲生活をするより、そのほうが毎日、楽しく暮らせると思いませんか」

確かに、清美みたいに完璧主義者で、「○○しなくてはいけない」「○○は絶対にダメ」っていう考え方だと、毎日ストレス溜まるだろうなぁ。

逆におぬしは「ま、いっか」ですませすぎな気がするぞ……。ストレスを溜めないという点では、そういう大雑把さも、大切ではあるんじゃが。ま、何事も極端に偏らんことじゃな。「子どものため」とあれこれ気にし過ぎるうち、親が胃潰瘍で参ってしまっては大変じゃからのう。

そうだね。私の場合、ひどすぎる食事は反省するとして、息子には、できるだけ手作りを食べさせてあげようっと。おふくろの味がシリアルなんて嫌だもんね！

うむ、まずそこからスタートじゃな。

〝体にいい〟にこだわりすぎると〝胃に悪い〟

ジイの格言！

食が細い子には
好きなものだけ与えてOK？

ナオヨちゃーん
久しぶり〜！
ヨーコ
(35歳・会社経営)
トム
(2歳)
わ〜♡
トムくん大きく
なりましたねー
かわいい〜
さすがハーフ
でーんっ
!?
ナンシー
(8歳・小3)

ナ、
ナンシーちゃんも
大きくなったねぇ
え〜っっっ!?
3年前までは
CMに出てきそうな
可愛さだったのに……!!
ママーはやく
ご飯食べに
行こうよ〜
そーね
カレーライス
大盛りです
油モン
ばっか!!
ナンシーって食が細くて
ヤセ気味だったでしょ?
だからせめて好きなモノ
だけでもと思って食べさせ
てたのよ。そしたら……

こんなに
たくましく
なっちゃって
モグモグ
ズズズ
でも何も食べないよりは
いいわよね！
そのうち
スポーツを始めさせれば
すぐヤセるだろうし
デザートは
パフェね
その前に
本人に動く気
ないだろ!!
眠くなって
きちゃった
おうちまで
ガマン！
MENU

子どもの肥満が増えたのは親のせい!?

　くりくりお目めでお人形さんのように可愛かったナンシーが、小太りの小学生になってしまうなんて……。

　その変わり果てた姿を見た衝撃から、なかなか抜けられなかった私は、以前スクールでお会いした（p．66参照）、リビングフード協会のいとうさんに、話を聞いてみることにしました。いとうさんは留学経験が長く、「アメリカの肥満児もたくさん見てきた」と語っていたことを思い出したのです。

「いとうさん！　知り合いの子どもが、小学校3年生なのに130センチで35キロなんです。インパクト大なんです。でも母親はまったく気にしてなくて、好きなものを好きなだけ食べさせているんですけど、食が細かった子が急に大食いになりますか？そもそもいいんですかね？　そういう食べさせ方は」

「量というより、おそらくその子は、お野菜をまったく食べないんじゃないですか?」

「見ている限り、そうですね」

「もちろん、お菓子とかコーラ、ファストフードのハンバーガーは大好き」

「そうそう」

「好きな食べ物は、カレーやシチュー、お寿司、パスタなど」

「まさに!」

「外食が多い」

「すごい、全部あたってます‼」


さらにお話をうかがうと、子どもの肥満の相談の症例から、肥満理由は、アメリカ人であっても日本人であっても、ある程度、共通しているのだそうです。簡単にまとめると、こんな感じになりました。

〈食事の好み〉の共通点

・野菜が嫌い
・一品ものが好き

〈生活習慣〉の共通点

・外食が多い
・お母さんが忙しく、子どもをかまってあげる時間が少ない
・幼少期に「きちんとした食事」を摂る量が少なかった
・幼児期に哺乳瓶でジュースを飲ませていた

〈しつけの仕方〉の共通点

・外出先で子どもが泣くと、すぐにアメやお菓子で機嫌をとる
・マザーズバッグ（ベビー用品を持ち運ぶ）の中には、かならずお菓子がある
・食べ物で黙らせて母親がしつけをしたつもりでいるので、わがままな子が多い

うぅ、ヨーコ、当てはまりすぎかも……。ちなみに、アメリカのファストフードで

は、コーラのレギュラーサイズが日本のLサイズ。アメリカのLサイズは、日本ではあまり見かけない大きさです。アメリカの子どもたちは、小さい頃から、日本で言うところのLサイズの、糖分たっぷりのジュースなどを飲んでいて、食べるものも高カロリー、太らないわけありません。

「アメリカは基本的な食生活を変える必要があると思いますが、日本の場合は、正直、しつけの悪影響があると思います。たまに、こういうことを言うお母さんっていませんか？ 『うちの子、太っているけどご飯をあまり食べないのよ』――」

「あります！ 自称〝食が細い娘〟がいるそのママは、『この子が食べたいというときには、たくさん食べさせてあげるようにしているの』とも言ってましたけど」

「子どもだって、おなかが空けばきちんと食べます。なのに間食の時間帯に、簡単なものを食べさせていたりすると、ちゃんとした食事が摂れなくなって悪循環にはまるんです。子どもは自分で食べられる分量を、体でわかっているんですよね。まだ話せない0歳児だって、ミルクを飲みすぎると吐くでしょう？ でも幼児期になると、大好きなお菓子をねだって、わがままを言ったりぐずったりしますよね。それでお母さんは、子どもがうるさくすると他人に悪いなんて思って、つい与えてしまう。そうすると、夜ご飯を食べられなくなる。野菜嫌いになる原因のひとつがこれ。おなかを空かさせて、ちゃんとした食事のときに野菜を摂るようにすれば、なんでもおいしく適量を食べられるのよね」

食生活を急に変えるのは、小学生になってからでは難しいみたい。でもヨーコには、今度、この話をしてみようと思いました。

おぬしの息子も、もともと食が細いタイプじゃったろう。そのときは、どうしたんじゃ。

「残さず食え！　残すと〝もったいないばあさん〟が来るぞ」なんて脅すと、余計辛そうに食べるもんだから、いろいろ工夫したよ。クマさんの形のお皿に入れてみたり、動物の顔のオムライスを作ってみたり、お味噌汁にかわいい麩《ふ》を浮かせたり……。そうしたら、「えっ？」ってびっくりするくらい、よく食べるようになったんだった。

食が細い子というのは、食べることが楽しくなくなってしまうと、さらに食べなくなるからのう。食が細いとあきらめたり、子どもに屈服してお菓子を与える前に、いろいろ工夫をしてみるもんじゃな。

へへん、私も結構やるでしょー？

あとはな、おぬしの場合、料理の腕を磨くことじゃ。3日連続同じメニューじゃ、息子だけじゃなくわしも飽きるわい。

うっ……。

ジイの格言！

親の都合でするな食育

小さい頃からゲームをすると〝ゲーム脳〟になる？

ガタン
ゴトン
ピコ ピコ
なんじゃ あの四角い 機械は？ みんな持って おるのう
犬のふんは持ち帰ろう
やったな
ピコ ピコ
へへっ
いま流行《はや》りの 携帯ゲームよ もちろん私も 持ってるわ♡

数日後
た、た、大変!!
小さい頃から
ゲームやってると
ゲーム脳になっちゃうん
だって!
ほ、本にかいてある…
ゲーム脳の恐怖…
いますぐママの
ゲーム返し
なさいっ!!
…
ヤダ～!!
やる～!!
ガッ
おいおい
昔からゲームっ子
だったおぬしは
どうなるんじゃ?
ハッ
やる～
やる～
そ、それじゃあ
私はすでにゲーム脳
なのね……もう
手遅れなんだわ……
ところでその
ゲーム脳とやらは
一体なんじゃ……

ゲームは子どもに悪影響かどうかを再調査

ゲーム脳が何かって？　それはほら、あれよ、要は「ゲームをやりすぎると脳がおかしくなっちゃう」ってことよ。

そうか、だからおぬしは……。

ちょ、ちょっと！　それどういう意味よ⁉

こんな曖昧《あいまい》で、不安な気持ちのままではよくない！　いくジイの哀れみのこもった視線を避けるべく、雑誌や週刊誌をいろいろ調べ、情報を整理してみることにしました。以前、知り合った子育てアドバイザーの方からも話をうかがって、ともかく恐ろしげな響きのある「ゲーム脳」について整理してみました。

そもそも、「ゲーム脳」という言葉が一般的になったのは、いまから8年くらい前のこと。当時、日本大学文理学部体育学科の森昭雄教授が書いた『ゲーム脳の恐怖』

という本がきっかけだったようです。その後、この教授の子育て関連セミナーが、各地で行われていきました。

森教授の著書では、独自で開発した簡易脳波計で実験し、「コンピューターゲーム」が人間の脳に与える悪影響を見出した、というような内容。「悪影響を受けた脳」を象徴的にあらわしたものを、「ゲーム脳」と名付けたようです。ただ、2006年に、世田谷区民会館での森教授の講演を聴講したことがあるという、その子育てアドバイザーの方の話によると、森先生の論に異議を唱える人も多く、講演でも、賛否両論といった様子だったそうです。

実はこの「ゲーム脳」、正式論文として発表されておらず、医学的には認知されていないようなのです。

森教授の主張は、ゲームにはまりすぎてキレやすくなる子どもたちや、その将来を懸念しているということ。ただ、ゲームをすると自閉症になるとか、ゲームを教材にとりいれている学校とゲーム会社が癒着しているといった極端な例をあげたことで、反論を招いたようです。

どうも、「ゲーム脳」という言葉のインパクトが強すぎるようじゃな。ゆえに、子どもに有害だから、いっさい与えてはならない、子どもも社会もおかしくなる、と考える大人も多いと。

そうなのよね！「ゲーム脳」って言葉が正体不明で怖すぎるのよ。私自身、ゲームで悪影響を受けた覚えはないんだけど、それってもしかして、すでにゲーム脳に侵されてるから、そう思ってるだけで、とか……ああ、もうよくわからなくなってきた。

混乱しているようじゃな。小さい頃ゲーマーだった自覚があるなら、親に話を聞いてみたらどうじゃ。

そっか！　問題児だった自覚はないんだけど、何かわかるかも。

数日後、久しぶりに戻った実家で、母に話を聞いてみました。

「私がテレビゲームをやり出したのって、何歳だったっけ？　ゲームやり始めたら、頭悪くなった？」

「そうねぇ、ちょうどナオヨが生まれた年にファミコンが発売されて、パパが並んで買ってた記憶があるから、物心ついたときには、パパと一緒にコントローラー触ってたわね」

「え……私、そんなに小さいときからゲーマーだったの⁉」

「まぁ、小学校低学年のうちは、それほどハマってた感じはなかったわね。でも、高学年になってからがすごかったじゃない！　深夜こっそり起き出して、暗い部屋で隠れてゲームなんかして」

「……うん、よく怒られて電源抜かれたっけ」

「それから視力は落ち始めたけど、勉強のほうは心配するほどじゃなかったわね。逆に、今度のテストが終わるまでゲームはおあずけ、いい点数だったら新しいソフト買ってあげるって言われて、燃えてたくらい」

「そうそう！　当時は携帯ゲームなんて持ってないから、居間のテレビでやるしかなくて、けっこう監視は厳しかった気がする」

「でも、ママのお友だちの息子さんは、ナオヨと同じくらいの年齢だったけど、ちょっとかわいそうだったわよ。中学受験があったから、小学生のとき、ゲームは絶対禁止。それでも、親はどうしても志望校に入れさせたかったから『合格したらゲームを買ってあげる』ということにしたのよね。その子はがんばった甲斐もあって、親も満足する偏差値の高い志望校に見事合格したの。それで晴れて合格祝いにゲームを買ってあげたんだけど、そこから息子さんはゲーム三昧の毎日よ。部屋にこもってゲームばかりしていて、そのうち不登校になって、引きこもりになってしまったらしいわよ」

「ええ～‼　かなり極端。でもガマンさせすぎも考えものだね……」

「もちろん、ゲームのことだけが不登校の理由じゃないだろうけどね」

そういう話を聞くと、ちょっと私の感覚と違う気もしました。私が小学生の頃は、友だちの家にソフトを持っていって一緒にやっていましたし、中学生のときは、ゲームを夜通しやった次の日、同じゲーマー仲間と会話がすごく盛り上がりました。つまりゲームはコミュニケーションツールのひとつだったのです。

そう考えると、いまの子だって、友だちと遊ぶときにDSを持ち寄って、競争したり通信したりしているから、コミュニケーションのひとつともいえます。一人で引きこもっているわけじゃないなら、そんなに問題はないのかも。

要は、ゲームを与えてはいけないというわけではなく、上手な付き合い方を教えることが大事なんじゃ。使う時間を決め規則をつくって、おぬしの息子が友だちとコミュニケーションをとれる程度に、様子をみながら与えればいいのではないかな。

へぇ……。いくジイ、初めて〝子育て案内人〟らしいこと言ったね。

そっちか！　それとな、みんなで外に出て遊ぶ楽しさを教えるのも親の務めじゃ、忘れるなよ。

もちろん！　パーティーを組んで街の外に出なきゃ冒険は始まらないもんね！

おぬし、何か勘違いしとらんか……？

ジイの格言！

与えすぎ、ガマンさせすぎが悪環境

テレビは百害あって一利なし？

ピンポーン
金田
でっかい家じゃのう……
いらっしゃ～い 狭い家でごめんなさいねぇ
どうぞあがって
聡子
(40歳・専業主婦)
お、お邪魔しま～す！
（狭い家って……）

あっ ゆきちくん！ ひさしぶり！
諭吉
(4歳・幼稚園児)
トゥース！
は？
あれ～？ 諭吉くん 知らない？ いま 流行りの「トゥース」 ほら春日の……
ごめんなさ～い うちの子テレビは 一切見ないのよ
バラエティ番組って いうの？ ああいう 低俗なものはちょっとね
「ちょっとね」って まるでウチラ バカ親子じゃん‼

ふ〜む 確かにこの家 どこにもテレビが 見あたらんな
〝テレビは百害 あって一利なし〟か 随分ストイックな 家庭じゃのう
ねえ、もしかしてさっきの「トゥース」って 歯(=tooth)のことじゃない? ほら、うちの夫 歯科医だから それで?
いや、多分 違うと思います ……
じゃコレは? カッチカチ やぞー
息子よ 残念だけど 住む世界が 違いすぎるわ……
うぅっ

大好きなテレビを肯定できる裏付けが欲しい！

確かに息子にうっかりバイオレンス映画なんか見せちゃうと、銃を持ったフリをしながら、「はちのすにしてやる～」なんて、すぐマネるし、テレビの影響って大きいとは思うけど……。

この間は、CMのグラビアアイドルを見て、「おっぱーい」って喜んでおったぞ。

ま、まぁ、それくらいなら、かわいいもんだけど、テレビの真ん前で、口をぽかーんとあけて見入ってる息子を見ると、さすがに「うわ、なんか危ない！」って思っちゃう。やっぱりテレビって、よくないのかなぁ？

聡子の家では、最後までバカ親子だった私たちですが、後日、仕事で尊敬する先輩のMさんの家に遊びに行って、落ち込んだ心をパーッと明るくしてくれるような出来事がありました。

Mさんはいま小学校5年生の男の子を抱え、中学受験戦争まっただ中。受験中なので、ご自宅にうかがうのも気が引けていたのですが、「気にしないで」というお言葉に甘えて行ってみると、最初に目に入ったのは、リビングでテレビを見ていた息子さんの姿でした。

「え？ 受験中にテレビ見て大丈夫なんですか⁉」

「テレビを見ているからって、勉強しないわけじゃないからね。見たい番組をきちんと決めてるの。息子を信用してるのよ」

「す、すばらしい……！ 受験中の子どもは、どこのお宅もテレビなんて見せないのかなって最近思ってたんですよ。私のママ友で、『テレビは百害あって一理なし。頭が悪くなるわ』なんて言って、テレビ自体を買っていない人もいたので」

「あら、私の知り合いで、うちの息子みたいにお笑い番組が大好きで、受験勉強しながらテレビもかかさず見ていたけど、去年、御三家っていわれる有名男子校に合格した子がいるわよ」

「できる子はできる、ということでしょうか……？」

そうなると、また違ったガッカリ感がなくはなかったのですが、ともかくも、話を聞いていると、子どもが勉強する、しないは、テレビなどが原因ではないようです。結局、合格している子は、テレビがあろうとなかろうと、勉強はすすんでしているみたい。

じゃあ、逆に、テレビを見せない弊害なんてあるのかな、とある日ふと思い立ち、近所の信頼している保育士さんに話を聞いてみました。

「私もびっくりしたんですけど、生まれてからまったくテレビを見たことがない子がいましたよ。親御さんは、テレビを見せないことに教育的なこだわりがあったようで。テレビがない分、家庭では親子の会話や関わりも多く、園とのやりとりもきちんとしていました。情緒も安定していましたし。ところがあるとき、ヒステリーを起こしたり、他の子を故意にいじめることがあったんです。どうしてだろうと思ったら、親がそばにいなかったり、保育士の誰かがいない時間にそうなることがわかりました。保育士がつきっきりで見ていれば何の問題もないんです。もしかしたら、家で常に大人にかまってもらえる環境に慣れていたのが原因だったかもしれないなと。ほかにも、絵本の読み聞かせや人形劇など、他の子どもたちより集中力がなくてすぐに飽きてしまう傾向もありました。テレビのような娯楽をまったく見せないことが原因かどうかはわかりませんが、もしかしたら……と思いましたね」

保育士さんはもうひとつ興味深い話をしてくれました。

「これも、ご家庭にテレビがない家のお子さんの話なのですが、そのお子さんがお友だちの家に遊びに行ったとき、テレビをつけると、その前から動かず、何を話しかけても上の空。お友だちが遊びに誘っても、返事をまったくしないくらいの集中の仕方だったそうです。

子育てにおいて、なんでも〝極端〟はよくないのかもしれませんね。反動がくることが多いですから。他にも、おもちゃを与えられないお子さんが、お友だちの家でおもちゃを離さなかったり、園でも独り占めしてしまう傾向もあります。お菓子をまったく与えられないお子さんが、お友だちの家に行くと、止まらないくらい食べ続け、そこの家のお母さんにねだったり。小学生になると、何かを排他した生活が原因で、友だちの輪に入れないということも聞きます。何事も、メリハリをつけて体験させていくほうがいいですよね。いまの時代、シャットアウトしようとしても、いずれ触れることになりますから」

そういうことじゃ。子どもの周囲の環境を、すべて親の思い通りに整えられると思ったら大間違いじゃぞ。

一生家の中で暮らすわけじゃないしね。てゆーか、うちの場合、私がテレビもゲームも大好きだからシャットアウトしようがないんだけど……。

そんな親が子どもに「見るな」と注意したところで、説得力もないしのう。それよりも、時間を区切ったり、一緒に盛り上がったりしながら、依存しないよう、上手く付き合わせることが大切じゃな。

なるほど、一緒に盛り上がる、ね！　それなら任せてよ。きゃー赤レンジャー様ー！　かっこいーー！

おいおい、息子がぽかーんとしておるぞ……。

ジイの格言！

テレビそのものに〃害〃はなし

携帯電話は中学生までおあずけ？

Ebisu St
もしもし ママ？
いま駅着いたよ うん、大丈夫！
あんな小さな子でも ケータイ持ってる なんて さすが 都会だわぁ

だけど有害サイトで変な画像見ちゃったり
受信
はじめまして
オトナ倶楽部
YES
NO
請求書
サイト利用料
¥72,000－
至急お支払いください。
SAGI会社
知らぬ間に出会い系に登録しちゃったりトラブルはないのかしら……??
心配だわ…
じーっ
な、なんか変な女の人がこっち見てる!ママ迎えに来て〜!
えっちがっ…
私はただ架空請求とか心配して〜
人形に話しかけてる時点で十分変な女じゃ
ヘンな親子…
大丈夫か?

子どものケータイ解禁は何歳がベストか

この新聞記事を見てみぃ。

「子どもの携帯電話等の利用に関する調査」？　へー興味ある！

『小学6年生の男子で18・9％、女子で30・5％、中学2年生になると男子38・2％、女子53・4％の割合で携帯電話を持っている。これは全国調査だからか、意外に少ないように感じる。この値が顕著に跳ね上がるのは、高校生になった時で、高2では男女ともに90％を超える』（文部科学省　平成21年2月発表）

えー、こんなに多いの⁉　ポケベル世代の私にとっちゃ、「意外に少ない」どころか、「とんでもなく多い」だよ！　となると、うちの息子には、いったい、いつからケータイを持たせたらいいんだろう。いまから持たせるべき？

まだ3歳じゃろうが……。
そ、そうだった。よし、ここはひとつ先輩ママに話を聞こう！

仕事でもいろいろお世話になっているライターT先輩のお子さんは、いま小学校2年生。話を聞くと、1年生の頃からケータイを持たせているそうです。彼女はワーキングマザーで、渋谷区の民間の学童保育に1年生のときからお子さんを通わせているのですが、連絡ツールとして、ケータイは必須なのだとか。先輩は、娘さんに小学生で持たせている理由とメリットを教えてくれました。

・学童保育や習い事に到着したときなどの連絡ツールとして便利
・何かあったときの緊急用
・低学年のうちは、メールなど使いこなせないので、ケータイ依存症にはならない
・サイトへのアクセスも制限しているから大丈夫
・小さい頃から持たせることで、マナーも徹底して教えておける

「あとは使い方の規則を徹底することが肝心よ。いまは意地になって持たせないことは不可能だから、どうやってうまく付き合っていくかが大事なのよ」

「先輩！　お言葉ですが、子どもの飲み込みの早さを舐《な》めちゃいけないと思うんです。いまどきは小学生でも、ブログはもちろん、自分のサイトを作ったり、動画配信までしている子もいるんですよ！」

「ナオヨちゃん、今日はやけに熱いじゃない。だけどね、最近じゃ携帯会社でも、いろいろ対策を立てているのよ。うちの子が使ってるドコモのキッズケータイだと、

・ダイヤル発信制限で通話は家族だけ
・開閉ロックで家の外ではロック状態
・カメラロックで子供だけのときはカメラ使用不可能
・時間制限で午後10時以降はネット使用不可能
・アクセス制限でネットは決められた方法でしか利用できない

っていう設定ができるし。こういった情報を含め、親も携帯についてちゃんと知っ

た上で、子どもにあった使い方を教えてあげることが大切だと思うわ」

と、サバサバと話してくれました。

「小学生のケータイ普及の大半は、親とのコミュニケーションツールだから、変なサイトにアクセスしたり、犯罪に発展する心配はいらないのよね。昔よりサイト自体もいろいろ規制が出てきたし。問題はむしろ中学生以降でしょう。友だちとのコミュニケーションツールになる頃のほうが心配なのよ」

その先輩の言葉を裏付けるように、2008年文部科学省が「学校裏サイト」について調査したところ、全国に3万8000件あったそうです。「学校裏サイト」とは、学校の公式ホームページとは異なる、児童や生徒が管理する学校関連のブログや掲示板で、いじめの温床になっていると言われているもの。

最近は、文部科学省も対策に講じたり、はじめて携帯電話を所持する子どもの保護者を対象として、親子のルールづくりを促すリーフレットを作成し、保護者に配布しているそうです。〝ちょっと待って！　はじめてのケータイ〟というタイトルのリーフレットに、どのような機能が必要なのかがチェックシートで書いてあったりして、親子で話し合いやすいようになっている模様。

T先輩はさらに、以前、教育雑誌の座談会記事を書いていたことがあって、「中学生と携帯電話」という、そのものズバリの企画を担当したときのことを教えてくれました。その座談会に参加したのは、私立中学校に合格した子どものお母さんたち。

「まず、携帯電話の所持率を聞くと、そこに参加しているお母さんたちは100％だった。塾通いをしていた子どもを持つ親だから、携帯電話を持っているのは当たり前みたい。いろいろ失敗談を聞いたんだけど、印象に残ったのは、携帯電話会社から10万円の請求がきたという話ね」

「じゅ、じゅうまんえん⁉」

「娘さんの受験勉強が終わって、中学生になってからメールの量が増えてそんな金額になったんだって。で、どうしたかというと、請求書をきちんと子どもに見せて、話し合ったそうなの。〝パケ放題〟といったサービスに入れば、金銭的にラクになるのに、なんでわざわざ？　と思うでしょう。でもそうすると、娘さんのメールの量にキリがなくなるから、あえてしないと言ってたの。金額をきちんと把握させて、自覚させようとしたんだって」

携帯電話もテレビやゲームと一緒で、与えないことにして終わりではなく、子どもと一緒に理解しながら、規則を決めて付き合っていくことが大切ということじゃ。外に働きに行っている母親たちにとって、いつでも子どもと繋がれるのは、安心じゃろうからのう。必要な家庭では、使えばいいだけの話じゃ。

ただし、お遊びの道具にしない、依存症にならないよう注意しなきゃね！

その点は、大人も子どもも一緒じゃぞ（ジロリ）。

‼　す、すみません、寝る間際までいじってますよね、私……これから携帯マナーを教える側として反省しまーす。

ケータイは〝ルール〟を学ぶ〝ツール〟にせよ

ジイの格言！

Ⅲ

0点ママ、「しつけの仕方」で不安になるの巻

子どもはホメてホメてホメるべき？

あら〜 諭吉ちゃんキレイに 食べたわね〜♡ エライわ〜♡
パチパチ
苦手なブロッコリーも 半分食べたのね〜♡ すごいわ〜♡ さすがだわ〜♡
おいっミニトマト 残してんじゃね〜!! 食わないとトマト 妖怪呼ぶぞ!!
くわっ
ひ〜んっ
親によって こうも 違うもんかのう……

聡子さんっていつも穏やかですよね～ガミガミ言うとこ見たことない気がする……
ふふっ
MENU
うちはね「ホメて育てる」をモットーにしてるから
この前もね幼稚園の先生に
諭吉くんがお友だちをたたいて泣かせてしまって……
わ～んっ
って言われたんだけど
諭吉ちゃんにも何か考えがあったんだと思ってあえて怒らなかったわ～
へ、へぇ～
私ならその場で怒鳴っちゃうなぁ
びえ～ん
えっ息子!?

ゆきちくんがいくジイいじめる〜
一応年上
ヘンな人形だな
ウぐっ
えぐっ
一応年下→
あらあら〜ふたりとも仲良くね〜♡
にこ にこ
えっ!? 注意してくれないの？
ニヤリ
!!
コ、コイツ完っ全に大人を舐めくさっとる!!
助けてくれ〜!!

子どものホメ方、叱り方の方程式を誰か教えて

しかしコイツは〝ホメ育て〟を間違っとる。あ痛たた……回されすぎて頭が……。

災難だったねぇ。お互い諭吉くんには気をつけよう。

聡子を見ていても思いましたが、「ホメる」ことと「叱る」ことって本当に難しい。そういう会話のノウハウ本もたくさん出ているくらいですから、悩んでいるママたちは多いのではないでしょうか。あらためてそう感じたのは、旦那がある日、こんな話をしてくれたときでした。

＊　＊

「今日さぁ、本屋に行ったら、ちっちゃい子が泣きわめいててさ。でもそのお母さんは、立ち読みしたまま、子どもを無視してあやしもしないから、『すみません、お子さんが泣いていらっしゃいますよ』って話しかけたんだよね」

「うんうん」

「そしたら『知ってますよ、そんなこと』って、逆切れされてさ」

「えっ、なにそれ？」

「でもオレ、勇気を出して、『あやすなり、泣きやむまで一度、お店の外に出てはいかがですか』って、なるべく優しく言ったのよ」

「やるじゃん！」

「そしたら、『子育て中は、本も読んじゃいけないんですか！』って、すごい剣幕で切れられてさあ。ちっちゃい子はさらに泣きわめくし、オレ、すごい悪者だった……」

「そりゃ災難だったねぇ。でもそのお母さんも度胸あるね。私だったら、子どもが泣いた瞬間に、電車に乗ってても、降りる駅じゃないのに降りちゃうもん」

＊　＊

でもいくジイどう思う？　外で子どもを叱るのって、旦那が考えているより、けっこう難しいんだよね。いま虐待のニュースが取り上げられているから、子どもがギャーギャー泣いていると、そういう目で見られるような気がしてさ。私なん

か、家の中では汚い言葉で叱ったり、ときには手も上げるけど、外だとためらうよねぇ。聡子みたいないいお母さんを演じて、引きつり笑いしながら「こらあ〜ダメでしょ〜?」なんて言ったり。

しかし、〝ホメ育て〟もほどほどにしないといかんぞ。あの諭吉だって、先が思いやられるわい。

そう言っていくジイは、とても優しいママと近所で評判で、14歳の女の子がいる家の話をしてくれました。

その子の両親は、仕事で毎日忙しく、何でも買って与えることで、子どものご機嫌をとっていたそうです。いつもかまってやれない負い目があって、その子といるとき、お母さんはとにかく怒らず優しかったとのこと。ただ、幼児期はそれでもよかったのですが、女の子が小学生になると、言うことをきかないようになってしまったのです。

いくジイに言わせれば、「要は、ただのわがまま娘に育ったんじゃな」とのこと。女の子のなかで、「お母さんは自分の言うことを聞く人」という、ヘンな序列ができあがってしまったようなのです。

叱ろうと思っても、そのお母さんの口調はやはり優しいものでした。女の子が何か悪いことをしても、「○○ちゃん、今日、学校へ教科書忘れちゃったの？　次からは持って行こうね」と、私とはまったく違って、子どもの気持ちをくみとるように言っていたとのこと。しかも、ある日、意を決して厳しく注意したら、「ママ、やめて！」と泣き叫び、お母さんは近所に通報されるのがこわくて、「何がしたいの？」と子どもの意志を確認していたというから、そのお母さんにも少し同情してしまいました。

結局、その女の子はいま、お母さんからお小遣いだけもらってやりたい放題。他の人に迷惑をかけるような不良になったわけではないのですが、学校帰りに原宿でショッピング、夜遅くまで渋谷でフラフラしているとのことです。

というわけで私ね、この間、旦那と我が家の叱り方の方針を決めたの！「両親が同時に怒らないこと」。どう？　これよくない？

残念じゃが、常にどんな状況でもこの方法がいいというのはないんじゃよ。おぬしの息子一人とったって、怒鳴っても聞かないときもあれば、おぬしの悲しそうな顔を見て、ちゃんと反省しているときもある。その都度、子どもとしっかり向き合って、実践していくしかないんじゃ。

え〜、絶対いい案だと思ったのに。私ホメて伸びるタイプなんだから、少しはホメてくれたっていいじゃん。ケチジイめ。

ほほう、ホメて伸ばされた結果が、その口のききかたってわけじゃな。

……。

ジイの格言！

ホメれば必ずよい子に育つ、わけじゃなし

〝コーチング〟で親子関係はうまくいく？

もしも〜し
あ、清美ちゃ〜ん
いま？　大丈夫よ
うん てつ夜あけ〜
あのね、
よかったらナオヨちゃん
子育てコーチングの
セミナー一緒に
行かないかな、と思って
コーチング??
なにそれ？
……ええっと
育児ストレスから解放
されるっていうか自分の
生きがいが見つかるって
いうか……
子育てコーチングセミナー
13:00〜15:00
こどももママもしあわせに…
講師：高地育子
それにね参加すれば
ママ友も増えると思うの……
でも私、一人で行くのは
心細くって……

へー よくわかんないけど 面白そうだし 行ってみようかな
ほ、ほんと? よかった～ じゃ申し込んで おくね
セミナー当日
けっこー人きてるなー
2名で 予約しました
コチラ お待ち ください
無理していませんか? お母さんだって もっと甘えて いいんです!
みなさんは、決して一人ぼっち じゃありません!!
講師 高地《たかち》 育子《いくこ》
ねーねー正直 こんなんで ストレス解消に なるとは思えな……
こそっ
うぐ うっうっ
えっ そこまで!?

セミナー終了後
私、個別のも申し込んでくるね！

先生！　今日はありがとうございました。ぜひ個別コーチングを……

では　この用紙に……

後で聞いたら、それが1回3万円だって言うのよ！　3・万・円!!

カラオケなら3百円でストレス解消できるのに～

うーん切実よのう　おぬしなんかまだ悩みが少ないほうかもな　……教えにくる家をまちがえたか　よしっ！

とりあえずワシにも3万円払え
どーしてそうなる!?

疲れたときに頼るのは、ママ友か、コーチングか

悩んでいた清美がすっきりしたのはいいけれど、やっぱり1回3万円は高すぎる！　ということで、他のセミナーを探してみることにしました。仕事の付き合いがある先輩ママにもリサーチをしたら、「子育てコーチング」にも、いくつかのパターンがあることがわかりました。お母さんを対象にしたものや、子どもとのコミュニケーションを見直すものなど、大きく分けて、次の3タイプに分かれるようです。

【タイプA】親子のコミュニケーション系

――子どもが小学生以上の場合の、会話（言葉がけ）の方法をアドバイスするもの。
たとえば、子どもが50点をとってきたときに思わず言ってしまいがちなのは、「あ～あ、50点。もうちょっとがんばらなくちゃね」というような否定的な言葉。しかし、コーチングの技法では、「50点、よくがんばったわね。最後までやることが大切

よ」と、まずは子どもを認め、発言できる機会を与えることが大切と教えてくれます。

【タイプB】お悩み相談系

――「子育てコーチング」という言葉を使って、親子関係に悩んでいる人にカウンセリングをするもの。

これはカウンセリングなので、料金が1回1万円のものもあります。「子育ての悩み相談」よりも「子育てコーチング」のほうが、言葉の響きに気楽さや安心感があるようです。

【タイプC】ママ自己啓発系

――育児ストレスからママたちを解放する自己啓発のもの。友人の清美がはまっていたものもこのタイプです。

Aの親子関係の会話をアドバイスするものは、本もかなり出ていて、資格を持っている人のセミナーも実施されています。区などが主催しているもので、1時間から2時間くらいの無料セミナーがありました。「無料」という言葉に惹かれ、取材がてら、私も参加してみることにしました。

講師の方は、たくさんの親子関係を見てきたベテラン風の先生。実例をまじえた「言葉がけ」の例は、「私も今日から子どもを叱らないで、話を聞いてあげるようにしよう！」という気持ちになります。帰り道は、もう完璧！　今日から子どもの気持ちがわかるやさしいママになれるはず、と思ったくらいです。

ところが……。家にもどると、息子が夕飯を床に思いっきりこぼしたのを見た瞬間、「コラーッ！　何しとんじゃ！」と叱っていました。あんなに感動したはずなのに、いざ実行するとなると、けっこう難しいものですね。

さらに調べてみたところ、ネットでは、ワークショップ形式で、親子の会話などの実例を学べるCDが売られていました。でも、「2万円相当が半額！」といったような売り文句を見ると、ちょっとあやしい気がします。高額だし、感動しても、また実践できないかも、と思うと、なかなか手が出せませんでした。

Cの自己啓発系のものは、清美と行ったのと別のものなら、もう少しとけ込めるかもしれない、と思い、ほかのところで再度チャレンジしてみることにしました。彼女と受けたセミナーより安い、1回2時間3000円の「ママ元気コーチング」というものに、あらためて申し込んでみました。1回3000円ですが、コースは全部で5回です。託児所もあって、1回の受講中、1500円で預かってくれるシステムでした。

会場には、20人くらいのママさんたちが集まっていました。講師の先生は、子どもが5歳児という子育て真っ最中の女性。出産を機に仕事を辞め、コーチングの資格を取得して、子育て中に、ママさんを元気にするためのコーチングを考案したそうです。

まずは、20人のママが4~5人のグループに分かれて、自己紹介から始まります。ちなみに、その日のメインテーマは「自分を好きになろう」です。子育てに追われたママたちは、自分自身を見失っている、だから自分自身を取り戻すことで、ママがハッピーになり、自然と余裕のある子育てができるようになり、親子関係がうまくいく、という図式。

ワークショップでは、自分のやりたかった夢を思い出したり、「○○ちゃんのママ」と呼ばないようにしたり、「あなたの魅力はどこですか？ ご主人やお友だちに聞いてきてください」という宿題まで出ました。

確かに、こうやって自分を励ましたり、育児ストレスを解消したりするために、セミナーを利用するのはアリかもしれんな。

うーん……。旦那やママ友に話を聞いてもらえば、わざわざ高いお金払う必要ないのになーって思っちゃうけど。

そうは言うがな、みなが皆、話し相手に恵まれた環境にあるわけじゃなし、それに、身近な者にこそ相談しにくいこともあろう。誰にも相談できず、一人で悩んだ挙句、ウツや虐待に繋がってしまう母親もいるからのう。受け皿として、こういうものも必要なのかもしれんぞ。

そっかー……清美の話、今度はもっとちゃんと聞いてあげよう。

ためこむな、育児疲れはこまめに解消

ジイの格言！

子どもは欧米式に早く自立させるべき？

お邪魔しま〜す！
さすがヨーコさんインテリアもオシャレ〜
わー！こんな子ども部屋憧れちゃう♡
わーひろーい
でもナンシーにはちょっと男の子っぽい気がするんだけど？
NO ナオヨ！これはトミーのルームさ！
コドモははやくジリツさせるべきだからネ！
It's American Style!!
うちの子たちは生まれたときから一人部屋で寝てるのよ

帰宅後
〝子どもの自立〟か～
息子もそのうち物心ついたらプライベートも必要よね！
KIDSインテリア
特集 はじめての一人部屋
その前におぬしここは日本じゃぞ何でもかんでも欧米化すりゃいいって……
キャ～♡
かわい～!! 天蓋ベッドにレースのカーテン……!! こんなお姫様風の部屋昔憧れたなぁ♡ よし決定♡
KID'S インテリア
そんなんおぬしの部屋で勝手にやってくれ!!
え～ヤダ～

大家族式の家と欧米風の個室、軍配はどちらに!?

ヨーコの家に遊びに行った時も、いろいろカルチャーショックがあって驚きましたが、以前、雑誌の企画で「有名中学に合格した子の子ども部屋を拝見！」といった記事を書くことがあって、お邪魔したおうちがあり、これがまた特徴的な家でした。過去にベストセラーになった『頭のよい子が育つ家』そのものだったんです（まあ、雑誌の企画自体が、そうした家が本当にあるかどうかを確かめに行くようなものだったのですが）。

取材させていただいたRさん一家は、中学1年生と小学校4年生、小学校2年生、幼稚園の年長の子ども4人に、両親2人の6人家族でした。

間取りは3LDKで、お父さんの書斎もあるので、年頃の子どもたちの部屋は一緒。今年、中学に合格したお姉ちゃんは、いつもリビングルームで勉強していたそうです。私が取材に行った時間帯も、中学生と4年生の子が、リビングのテーブルで宿題をしているかたわらで、2年生と年長の子は、テレビを見ていました。

「テレビがついていて、こんな状況で受験のときも勉強していたんですか？」

と聞くと、Rさんの奥さんは、

「そうです。うちはにぎやかなのがいいみたいで。姉も勉強に集中しているときには、テレビの音も、下の子たちの声なども気にならなかったって言っていました」とのこと。

かのベストセラー本には、こうして、子ども部屋を独立させず、一家団欒《だんらん》があり、コミュニケーションのある家庭の子が受験に成功しているという例が紹介されているのです。私の息子の中学受験はまだまだ先の話ですが、ママ友との話でも、「いつから子どもは一人部屋にしたらいいのかな？」「まだ添い寝してる？」といった話題が出はじめました。

アメリカ人と結婚したヨーコの家には、生まれたときから子ども部屋をきちんと用意していて、かわいらしいベビーベッドまでありました。添い寝は、ほとんどしたことがなく、いつもベビーベッドに寝かせているといいます。

最近は日本でも、欧米にならって「自立するために別々に寝る訓練が必要」という意見も出てきて、ママ友たちはどうしようと悩んでいる人も多いのです。実際問題、私のように狭い家に住んでいる場合は、布団を3枚敷き川の字で寝るしかなく、必然的に添い寝になってしまうのですが……。

欧米ではな、いろいろ考え方があるが、家が広いから最初から子ども部屋がある、ということが多いんじゃ。

さすが、子育て案内人！　欧米にも詳しいなんて！

フォッフォッ、当たり前じゃ。

それじゃあ、欧米は家が広いから、子どもが自立しているってだけのこと？

いやいや、文化の違いももちろんあるぞ。欧米では「個」というものを大切にしておる。家庭内でも、子どもを一人の人間として扱う考えも浸透しとる。少しでも愛情を与えるために添い寝がいい、と考える日本人とは、基本的に考え方が異なるんじゃ。最近では、欧米でもベッドで一緒に寝るという家族もいるそうじゃがな。要は、添い寝したから愛情がある、別々に寝たら愛情がないといった考え方自体、意味がないんじゃよ。

私もそう思うんだけど、みんなと話しているとわからなくなっちゃうのよね。

なら聞くが、欧米人の愛情表現が、日本と大きく違う点はどこだかわかるか？

う〜ん……夫婦がいつもベタベタしていること？

……まあ、そんな感じじゃ。ベタベタしているだけじゃなくて、欧米人はきちんと言葉で、〝I love you.〟とか平気で言えるじゃろ。子どもに対してもそうなんじゃ。たとえば、お手伝いで娘がパパにコーヒーを運んでくれたとする。日本の父親は「ありがとう」くらいは言うかもしれないが、何も言わず「うん」で済ます人も多いじゃろ？　欧米のパパは、「ありがとう。愛してるよ、スイートハニー」なんて言ってみたり、息子だったら、「君は私の誇りだよ」とか、赤ちゃんに「私の天使ちゃん」などと、ハグしたりキスをしながら、日本語にすると恥ずかしくなるような言葉を子どもたちにかけているんじゃ。

や〜ん、うらやましい〜♡　一緒にいる、いないじゃなくて、相手にわかるように愛情を伝えることが大事だってことね。

その通りじゃ！

私たちママって、もしかしたら、小さいことにこだわりすぎなのかもなぁ。「これが正しい」「こうしなきゃいけない」と思い込んだり。

まあ、子育ては紆余曲折しながら学んでいくもんじゃよ。しかし〝やらなくていいこと〟に気づく、というわしのポリシーが、おぬしもだんだんわかってきたようじゃな。

子育ては、スタイルよりも愛情を

ジイの格言！

Ⅳ

0点ママ、「子育てレジェンド」に振り回されるの巻

3歳児神話って
ウソ？ ホント？

お母さんと離れて淋しいでしょうに……
小さいのにエライわねぇ……
?
?
?
だ〜
3歳まではねぇ母子《ははこ》一緒にいるのが一番いいんだけどねぇ……
ボソッ
って言われてあのときは凹《へこ》んだなぁ〜
そりゃ〝3歳児神話〟じゃな
「3歳までは母親の手元で育てないと子どもに悪影響がある」
という昔ながらの考え方じゃ ま、しょせん神話は神話にすぎんがな
うっ
うっ

なにその神話!?
初めて聞いた!!
……ってことは0歳から
保育園に行ってた私は
〝悪影響
受けて育った〟って
周りからは
思われてるワケ!?
そもそも
悪影響って
なんだよ……
テキトーなこと
言いやがって……
チキショ〜…
もしかすると
そういう態度が
悪影響ってヤツかも
のうフォッフォッ
あぁ〜ん?
いまなんか
言ったのは
お前の
この口かぁ??
い、いえ
なにも…
ママ
こわ〜い
3歳児神話……
あながち
間違っとらんかも……

子育てに〝専念〟する時期は必要なのか

ある日のこと——。

保育園に息子を迎えに行った帰りに、専業主婦のママ友と、彼女のお母さんと、スーパーでばったり会ったときの出来事です。その日、息子は体調が少し悪かったようで、ベビーカーに乗りながら、ずっとぐずって泣いていました。友人のお母さんが、

「あらあら、ぐずっているのね。大丈夫？　ばぁ」

などと言いながら息子をあやしてくれたのです。そこですかさず、

「すみません。保育園にお迎えに行った帰りなので、ちょっとぐずってしまっているみたいで」

と、説明すると、思いがけない反応が……。

「あら！　保育園なんかに入れてるの？　だから、こんなに情緒が不安定なのよ。昔

から、3歳までは、親子は一緒にいたほうがいいって言うじゃない」
と、いきなりお説教をされてしまいました。「はあ」と曖昧に返事をし、その場を立ち去ったのですが、いま思えばこれが、最初に私が〝3歳児神話〟に出会った瞬間でした。

0点ママって自分では言ってるけど、実際、他人に言われるとショックなのはなんでだろう……。

「子どもは3歳になるまで母親が家庭で育て、育児に専念すべき」——この3歳児神話が日本で浸透したのは、1960年代の高度成長期じゃったかのう。夫は〝企業戦士〟として外で働き、妻は〝専業主婦〟として家庭を守る、そんな時代じゃった。

働く女性が増えているいまでも、祖父母くらいの年代は、まだまだ神話を信じてる人も多いってことかぁ。はぁ、めんどくさいなぁ……。

そんな愚痴をこぼしていた、ある日、

「でもね、日本はそうやって国全体が成長してきたのよ」

と、話してくれたのは、社会派ライターをしている先輩ママでした。

問題意識の高い彼女は、あるとき、「少子化問題を考える」というテーマで、ある議員さんが主宰する勉強会に参加したことがあったそうです。そこで、「3歳児神話」について聞く機会があったとか。

そこでの話によると、1998年の「厚生白書」では、「3歳児神話」は根拠がないものという見解が発表されていたそうです。ただ、それを知っている人はほとんどいない。「3歳児神話」という言葉だけが、いまだ一人歩きしている状態です。その勉強会に参加した働く女性たちも、「今は男女共同参画の時代を迎えているのだから、母親だけが育児をすべきだ、という3歳児神話に、とらわれるべきではない」「子どもが『ただいま』と帰ってきたとき、母親が家にいるべきだとよく言われます。でもわたしはカギッ子でしたが、イキイキ働いている母親を見るのが好きだったし、苦痛ではありませんでした」といった、3歳児神話に疑問を投げかける意見がたくさんあがってたそうです。ちなみに、そこで話されていた3歳児神話の定義は、次の三つの要素から成り立っていたとのこと。

（1）子どもの成長にとって3歳までが非常に大切だ
（2）大切な時期だからこそ、母親が育児に専念すべき
（3）3歳～就学前までの時期に育児に専念しないと、子どもは寂しい思いをして、将来にわたって成長にゆがみをもたらす

そして先輩は続けて話してくれました。

「その勉強会でわたしが印象に残ったのは、講師の先生が言った『母親や父親の愛情はもちろん必要ですが、愛情とは時間的な問題だけでしょうか』という言葉ね。子どもと一緒にいても、苦痛で、ストレスがたまって、愛情を注げないことも実際あるのよね。知り合いの専業主婦の子で、そのいい例があったわ。彼女、お姑さんに、託児所でもベビーシッターでも、絶対、他人に預けちゃいけない、といわれていて、美容院に行くことも我慢していたの。そのうち子どもが可愛くなくなってきて、もう子育てしたくない、ってとこまで追いつめられちゃって。彼女は、託児所に預けると、子どもがダメになると思い込んでいたんだけど、あるとき、友人の一人に、『お姑さ

んに内緒で子どもを一度、託児所に預けて、美容院なり映画なり行ってきなさいよ』と、強硬にアドバイスをされたのよ」

そして彼女は、勇気を振り絞って、託児付きの映画館へ行き、子どもを預け、友だちと映画を見たそうです。すると、映画の終わりころには、子どもに会いたくなり、たった2時間にもかかわらず、再会したときには涙が出てきてしまったそう。ストレスも解消された上に、2時間ぶりの再会で感動し、その日は、子どもが可愛くてしょうがなかったとのこと。

「子どもとベッタリいることを強要されているお母さんは、ちょっとでも離れた時間を持つことで、子育て中のストレスが解消されることもあるのよね。24時間一緒にいて、薄い愛情を注いでいるよりは、2時間離れた時間があっただけで、24時間分くらいの愛情が生まれるのかもしれないわよね」

これ、私も経験ある！　息子と家に2人きりじゃ、全然仕事ができないから、保育園に通わせることにしたんだけど、入園の日、たった2時間預かってもらうだけだったのに、「いま何してるんだろう?」「泣いてないかな?」って、もう気になっ

ちゃって気になっちゃって、結局、仕事どころじゃなかったもん。お迎えに行ったとき、私の不安をよそに、楽しそうに遊んでいた息子が頼もしく見えたっけ……。

保育園児の母親が3歳児神話を意識するのは、自分の知らないところで子どもが成長しているときじゃろうな。

そうなんだよね。四六時中一緒にいるわけじゃないから、成長の瞬間に立ち合えないことが多いのは確か。保育園ママと話すと、子どもとの時間がとれないって悩みは、みんな多少なりとも抱えてるんだよね。だけど、その分、お休みの日はとことん遊ぶとか、ウザがられるくらいスキンシップをするとか、みんなそれぞれ心がけてるみたい。

3歳児神話で悩んでいるのは、専業主婦のほうなのかもしれんな。働いてないという負い目から、子どもを預けて美容院に行ったり、自分の時間を持つことに罪悪感を覚える母親が、意外といるのかもしれん。しかし、それが「子どものせいで自分の時間がない」なんて考えになってしまったら、元も子もない。そうなる前に、適度に息抜きするのも母親の勤めだと思うぞ。

ジイの格言！

愛情を注ぐ時間の長さに優劣なし

子育ては〝たった6年間〟のガマン？

3歳児健診にて
みなさんお待たせしました
今日は7人の子どもを育てあげた私がみなさんの先輩としてお話しいたします
プル
プル
プル
先輩も先輩大大大先輩だよね
私のおばあちゃんより年上かもぉ
ヒソ
ヒソ

そこ
お静かに！
ひっ
昔からよく言います
子育ては3年間の
ガマン！
小学校に入るまでと
考えても長い人生で
たったの6年間です
それくらいの期間
自分のことはガマン！
子ども中心の生活が
できないようじゃ立派な
母親とは言えません！
なのに最近の若い親は……
ブツブツ
わ、私たちに
言ってる……？
〝子育ては
ガマン〟ねぇ

あれって
なんか
古くなぁい？
だよね～！
ガマンだなんて
考えてたらストレス
溜まって爆発しそう……
だっこ～
ラム
(3歳・保育園児)
たまには手抜き、息抜き
しながら
楽しく子育てする！
それでいいじゃんねえ～
キャッ
キャッ
だよねー
アハハハ
うむ
そういう
単純さも
意外と大切じゃぞ

自分のやりたいことと子育て時間の配分は

3歳児健診を終えて、久しぶりに実家に帰った私は、おばあちゃん先生の話を母にしました。母は18歳で私を産んでいるので、現在45歳。おばあちゃんという世代とはほど遠いので、一緒になって「古臭いわね〜」と同意していました。

「私の同級生なんかバブル世代で、独身友だちはみんなOL生活を謳歌していたのよ。でも、私は18歳で子持ち。確かに、ナオヨが6歳になるまでは、パート先と保育園の往復だったけど、『あれがしたい、これがしたい』『もっと時間が欲しい』なんて悩む暇はなかったわね。忙しいのが逆によかったのかな」

「そっか、悩むっていうのは、裏を返せば考える時間があるってことだもんね」

「まぁね（笑）。それにしても、いま子育て中の人たちは本当に大変ね。たった二十数年の違いなのに、情報があふれているから悩みもたくさんあるんじゃないかしら。そうそう、私の同級生なんて、先月45歳で初産だって」

「45歳の一方はおばあちゃんで、一方は0歳児のママかぁ」

などと感慨にふけっていると、隣に座っていたいくジイが、あの小児科おばあちゃん先生を弁護するような話をし始めました。

まあ、今と状況は変わっておるが、小児科の先生が言ったことは、昔はもっともな話だったんじゃぞ。昔と今とで決定的な違いがあるんじゃが、わかるか？

娯楽がなかったから、子育てするしかなかったんじゃないの？

まあ、それも一理ある。でも娯楽がないというより、毎日が本当に忙しかったんじゃ。子どもはたくさん産んだし、紙おむつなんてなかったから、布のおむつを毎日洗濯。便利な家電製品もないから、あっという間に一日が過ぎていく。情報収集やら遊びに行きたいやら考えている暇などなかったんじゃ。でもそれなりに充実していたんじゃよ。

いまじゃ、洗濯だって食器洗いだってボタンひとつで、あっという間に片づいちゃうもんね。そのおかげで、ママ友たちと集まってランチしたり、考える時間ができて、帰りの遅い旦那のことを疑ったり、隣のうちの子の習い事の先生が気になったりしてさ。子供を寝かしつけながら携帯で情報収集もできるし、なんだか違う意味で忙しくなってる気がする……。

そうなんじゃ。あのおばあちゃん先生が言いたかったのは、周りの情報に流されて自分を見失うな、人の子と比較してばかりいないで、自分の子どもをもっと見てあげなさいということだったんじゃろう。「子ども中心の生活」というのは「時間的」なことではなくて、「子どもと向き合う生活」という意味だと思うぞ。

母は、同世代がバブルで浮かれてディスコで踊っている時代に子育てをしていたけれど、たまに私を祖父母に預けて習い事に行ったり、手に職をつけたいと一念発起してリフレクソロジーの資格をとったりと、けっこうアクティブに動き回っていた気がします。一方の私はというと、いま思い返してみても、「母親がずっと一緒にいなくてさびしい」とは思わなかったし、ひとりの時間を楽しむ術《すべ》を見つけて、漫画を描くことに興味を持ちました。そう考えると、母が自分の時間を犠牲にして「あなたのために」などと恩着せがましく言われることもなく、かえってよかったのかもしれません。

いま思えば、母親が自分の人生も楽しんでいたからこそ、私も明るい子ども時代を過ごせたのよね。育児ストレスで暗～い顔してる母親が家にいたら、子どもだって気を遣って疲れちゃうし、夫も家に寄りつかなくなりそう。

うむ。おぬしも、楽しみながら子育てすることができれば、息子だって、きっといいものを感じ取ってくれるはずじゃろうて。明るい家庭には、母親の笑顔が欠かせんからのう。

そうだよね！　てことで、早速今から息子と遊びに行って来るわ。部屋の掃除と洗い物よろしくー♪

お、おいおい！　わしゃ、ただのぬいぐるみじゃぞ！

ジイの格言！

子育て＝ガマンと思うと辛くなる

おしゃぶりすると歯並びが悪くなる？

ん？なんだ？
ウィガガガッ
あっ懐かし～!!
おしゃぶりだ～♡
息子 0歳の頃
うっ
ふぇっ
えっ

よーしよし
いまおしゃぶり
あげるからね～
静かにしてね～
うっ えっ
待った!!
おしゃぶりなんか
絶対にダメ！
歯並びが悪く
なるんだから!!
親せきのオバちゃん
だめだめ～
……え
そうなの？
もしかして私の
歯並びが悪いのって……
おしゃぶりのせい!?
ふえ～んっ
ママみたいな歯に
なりたくなかったら
今すぐやめなさい！
えっえっ
えっ～

お、そんな所にあったかわしのおしゃぶり
あ、いくジィのだったの…
いくジィも私みたいな歯並びになりたくなかったらやめたほうがいいよ
なに言っとるお前赤ん坊の頃おしゃぶりなんてしとらんかったゾ
え!? ほんと!?
恥ずかし～♥
てゆーかいくジィ私の小さい頃まで知ってるのね……♡
だてに192年生きとらんわ
……てことはもしやこの0脚は!?抱っこヒモでおんぶされてたせいじゃないの?
オバチャンうそばっかし!!
カ
パ
おぬしおんぶもされんといつもその辺に転がっとったわ

おしゃぶりは善か悪か

漫画にはそこまでリアルに描きませんが、私の歯並びの悪さは自他ともに認めるもの。あるとき、「おしゃぶりをすると歯並びが悪くなる」という噂を耳にし、そのせいかと思って母に聞いてみると、「そんなものしてなかったわよ」と、いくジイと同じ答え。

おかしいなぁ、じゃあ、この歯並びはやっぱり遺伝なのか……遺伝にしちゃ、私だけ極端にひどい……となると、突然変異⁉ それとも、親に隠れて何かをしゃぶってたとか……考えても埒《らち》があきません。

こういうことはプロに聞いたほうが早い！ ということで、近所の評判の歯医者さんに行くことにしました。

イケメンで評判のその歯医者さんは、機材も最新鋭で、レントゲン写真などは、パソコンにとりこんで見せてくれます。

先生には3歳のお子さんもいて（ちょっとガッカリ……）、先生目当てで通うママさんも多く、子育てから歯並びの質問まで、いくつもとんでくるとか。過去の事例もたくさん知っていて、おしゃぶりのせいで歯並びが悪くなるわけではない、という例を、いくつか教えてくれました。

「たとえば、知人の奥様の話はこうです。彼女の息子さんはいま大学生なのですが、歯並びもよいし虫歯は一本もありません。ただ、生後2カ月のとき、小児科で『指しゃぶりは歯並びが悪くなるから、市販のおしゃぶりをしてください』と言われたそうです。

言われた通りにすると、寝つきもよくなり、外出時におとなしくしてくれたので助かった、とのことでした。

もう一人の方はご本人で、かなりの時間とお金を費やして、歯列矯正した経験を持つ方です。この方は、お母様がおしゃぶりを与えず、代わりに指しゃぶりがひどかったようです。寝かしつけるためにする短時間のおしゃぶりなら、哺乳瓶を口にしているのと変わりませんから」

一方で、日本小児科学会や日本小児歯科学会の会員らで作る「小児科と小児歯科の保健検討委員会」が、平成17年に発表した見解を、先生はかみくだいて説明してくれました（HP日本小児歯科学会に詳細あり）。

「この学会では、おしゃぶり、指しゃぶりが嚙み合わせに及ぼす影響として、来院した1歳児から5歳児まで、1120名について調査した結果を分析し、発表しています。

年齢が高くなるまでおしゃぶりをしている子は、『開咬《かいこう》』といって、前歯の嚙み合わせの間に隙間《すきま》ができるという確率が高いということです。

要は、長期にわたりおしゃぶりをしていると、歯並びが悪くなるという数字です。しかし、その学会ではおしゃぶりの利点と欠点を両方紹介しています。利点としては、精神的安定、簡単に泣きやむ、静かになる、入眠がスムーズ、母親の子育てのストレスが減る、といったことが挙げられています。しかし、欧米のおしゃぶりのCMに使用されているような『鼻呼吸や舌、顎《あご》の発達を促進する』ということは、現時点では学問的に証明されていないそうです。

欠点としては、習慣性がある、長期間使用すると嚙み合わせが悪くなる、子どもがどうして泣いているのかを考えないで使用する、あやすことが減る、言葉がけが減る、ふれあいが減る、発語の機会が減るなどが挙げられています。この学会では、いい悪いということに結論をもってくるのではなくて、次のように〈おしゃぶりの利用に関して〉見解をまとめています」

（1）言葉を覚える1歳を過ぎたら常用しないようにする
（2）遅くとも2歳半までに使用を中止する
（3）おしゃぶりを使用中も、声をかけたり一緒に遊んだりして子どもとふれあう
（4）4歳以降もおしゃぶりが取れない場合は、情緒的な面を考慮して小児科医に相談する

おしゃぶりの影響って、けっこう論議されてるんだね。それでも、一向になくなる気配がないところをみると、やっぱり心配するようなものでもないのかも。

それよりも、最近はあごの小さい子が多いとかで、大きな永久歯が生えてきたときに、スペースがなくて歯並びが悪くなるのを心配する母親が多いらしい。早い子では、すべて永久歯に変わる前に、歯が生えてくる場所を広げるための矯正をはじめ

ているそうじゃぞ。

えー、おしゃぶりどころの話じゃないじゃん！　てゆーか、私、おしゃぶり常用者でも、あごが小さいわけでもなんでもないのに、この歯並び……もう奇跡としかいいようがないわね。

イケメン歯科医にも〝早期教育〟ならぬ〝早期矯正〟の話を聞いてみると、
「歯がすべて生えてきてから矯正しても大丈夫。矯正は保険がきかなくてお金もかかるので、慎重に選ぶといいですよ。早くからはじめると、お金ばかりかかることがありますから。
ただ、子どもによっては、本当に顎を先に広げる必要がある子がいるので、どちらのほうがいいとは言えないんですけどね」

結局、私の歯並びの悪さの原因はわからなかったなぁ……。

おしゃぶりの問題も、矯正の話も、昔から言われとることが、本当かどうか確かめるより、実際、いくつかの歯医者さんに足を運んで、今後どうすべきか診察してもらうのが、一番よさそうじゃな。

だね。そういえば、いくジイって192年間ずっとおしゃぶりしてるんだよね？　歯は？　ねぇ、どうなってんの？　イカとか食べてるし、ちゃんと歯生えてるの？

フォッフォッフォッフォッ、それはヒミツじゃ。

ジイの格言！

言い伝えで悩む前に、身近な専門家を頼るべし

先輩ママの話は どこまで参考にしたらいい？

習い事
家庭教師
お受験
公立私立……
あーだ
先輩ママたちの話聞いてたらなんか頭痛くなってきた……
こーだ
3年前
フギャー
フギャー
ギャー
ギャー
AM 2:0
フォッフォッ　おぬし
3年前もまったく
同じような
こと言っておったぞ
クチャ
クチャ

よーしよーし
よーしよーし
フギャ
フギャー
おっぱい？
おしっこ？
も～どーしたの～？
スー
スー
こういうとき
ダンナは
役に立たないし
子育てお悩み相談
先パイママとの交流の場
BBS
そうだ‼
子育てサイトで
お悩み相談
してみよう
ピロン
「困っています……」　投稿者：ナオヨ
１歳を前に夜泣きがはじまりました。
１時間ごとに起こされるので
毎日睡眠不足です(*_*)。
皆さんはどう乗り越えましたか？
これって何歳頃まで続くのでしょうか？
「Re:困っています」　投稿者：ユキママ
わかります！
私もその頃は苦労しました……
でもあと少しの辛抱、がんばって！
「Re:困っています」　投稿者：みっちー
私もその時期はキツかった～でも本当に
大変だったのは、その後かも……

はいはいが はじまったら 目が離せないし……
そうそう 歩きはじめると気軽に 外出できなくなるのよね
“魔の２歳児”に なると「イヤイヤ」が はじまって手がつけら……
やっと保育園に入ったと思ったら、習い事や小学校のことまで考えなきゃいけなく……
スー スー
な、なんか 余計凹むわ～ てか夜泣きの話は どこ行った……？
そんな もんじゃ
あ～!! そういえば そんなこともあったっけ 結局悩んでるうちに 夜泣きもなくなって 先輩ママの言ってたことなんて 忘れちゃったのよね……
それにな 先輩ったって たかが数年、それに比べ わしはこの道１９２年 じゃぞ!?
結局 自慢かい

子育て情報の上手な整理の仕方とは

育児の疑問の解決法はいろいろあるが、先輩ママの生の声を聞くのは、てっとり早いし、いい勉強になる。自分の話を聞いてもらえてスッキリもできるしな。

でも、そのアドバイスが、さらに悩みを増幅させちゃったら、元も子もないよね。私も、出産前後は、先輩ママとくれば片っ端から悩みをぶつけてたけど、最近は、質問する相手を無意識に選んでるところがあるなぁ。それぞれアドバイスの的確さも違うし、凹むことばっかり言う人もいるんだもん……。

この間も、S子の出産お祝いに、同級生のみんなで集まったところ、それを象徴するような出来事がありました。

・S子、3カ月前に第一子（女の子）を出産。メンバーの中では一番の新米ママ
・T子、5歳になる女の子と、9カ月になる男の子のママ。一番のベテラン

・Y美、1歳の女の子のママ
・K子、1歳の男の子のママ
・そして、私と3歳の息子

久しぶりに再会した高校の同級生なので、昔話に花が咲くかと思いきや、話題は子育ての話ばかり。出産したばかりのS子は、すべてが新鮮ですべてが疑問だらけ。S子が一言、発すると、みなそれぞれ意見を言うのですが、こうも子育てのタイプが違うのか？　と、人間観察が好きな私としては興味深く見ていました。たとえばS子が、

「やっと、首がすわってきたから、縦抱きができるようになって少し楽になったのよ」

と言うとすかさず、

「これからが大変よ。首がすわったからって、油断するとお座りさせていてもすぐに横に倒れるし。それに寝かせておいてもそろそろ寝返りが打てるようになるから、まだまだ目が離せないわよ」

とY美。

不安がらせることを言って、と思ったら、ベテランママT子が、

「うちの子なんて、2カ月くらいで首がすわったから本当にラクだったわ。すぐにソファーに座った体勢で置いておくこともできたし。子育てなんて、あっという間だから大丈夫よ。うちの子は、寝返りも5カ月くらいでしちゃったし、歩くのも早かったのよ」

と、さりげなく、〝うちの子〟自慢。そしてK子が、

「S子よかったね。首がすわった後はどんどんラクになるわよ。座った！　ハイハイした！　『ママ』って言った！　って感じで、途中の大変なことなんて忘れちゃうし、おむつ替えの回数も減るから、少しずつラクになっていくのを実感できるって」

思わず私はそれに同感して、「そうそう！」って応援しちゃいました。ここではじめて緊張気味のS子から笑顔が出たのは、当然といえば当然です。

先輩ママの実体験はいろいろ参考になりますが、アドバイスをする人の思考パターンによって、受けとる側はけっこう影響を受けるものです。さっきの友だちではありませんが、ママの性格はだいたい3つに分けられるような気がします。

①ネガティブ系

自分が苦しかったことを話したがるタイプ。自分も苦しかったんだから、後輩子育てママに、大変なことを親切心で教えてあげる。でも苦労話なので、すべてがネガティブ。このタイプの発言例はこんな感じです。

「寝返りを打ちはじめると大変よ。ソファーに寝かしておけなくなるからね」

「ハイハイはじめたら大変よ。目が離せなくなるわよ」

「歩き出したらラクになると思ったら大間違い。ベビーカーにのっているうちはよかったかもしれないけど、外食、外出はほとんどできなくなるわよ」

②うちの子自慢系

たまたまその子は発達が早い子だったために、子育ては自分の手柄であるかのように自信がついてしまったタイプ。よく話を聞いてみると、アドバイスというより、自分の子の自慢ばかり言っています。このタイプの発言例はこんな感じです。

「うちの子は、2カ月で首がすわったからラクだったわ。普通は3カ月なのよね」

「うちの子は、ハイハイなしで歩きだしちゃったの。つたい歩きしたなあと思ったら、もう歩いていて8カ月には完璧。普通1歳過ぎてからなのにね」

「うちの子は、4カ月で〝ママ〟って言ったのよ。やっぱり最初はママなのよね」

③ポジティブ系

自分の経験から、先にラクなことや楽しいこともあるという話をしてくれる。このタイプの発言例はこんな感じです。

「みんなハイハイはじめたら、部屋中動いて目が離せなくて大変って言うけど、本当に可愛いわよ、その姿は。だから大変なんて気持ちなくなっちゃうから」

「歩きはじめると、ランチできなくなるって言う人がいるけど、ヨチヨチ歩きするときなんて、一生のうち、この時期しかないから、一日中見てても飽きないのよね」

そういえば、この分類って、出産前からできてた気がする。初めての出産って未知の世界だから、すごく不安じゃん？　だから私、先輩ママに会うたびに、「出産って痛いですか……？」って聞くんだけど、ネガティブ系のママは「痛いわよ～、死

ぬかと思った、二度と経験したくない、覚悟しときなさい」って答え、かたやポジティブ系のママは、痛みについては脅しながらも、「でも、可愛いわが子の顔を見たら、ケロッと忘れちゃう」とか「大丈夫よ、私にだって産めたんだから！　母親がリラックスしてることが一番大切よ」なんて励ましてくれて、だいぶ安心したもん。

ネガティブ系や自慢系は、単純に聞いていて疲れるのう。悪気があって言ってるわけではないんじゃろうが、マイナス意見は聞き流して、プラス意見を取り入れる作業も、ストレスをためないためには大事じゃな。

よーし、私もこれからは、先輩風吹かせないように気をつけながら、ポジティブ系ママとしてアドバイスしていこうっと♪

はてさて、0点ママを自称するおぬしに、子育てアドバイスを求める母親なんておるのかのう。

アドバイスは元気になるものだけ取捨選択

ジイの格言！

V

0点ママ、「保育園・幼稚園・小学校」について考える の巻

保育園より幼稚園のほうがいい？

良江の家
そういえば一郎くん幼稚園に転園したんですよね？
やっぱり保育園とは違いますか？
違うといえばお勉強面かしらねぇ
コキューをととのえて
ハイッめーそー
小僧、瞑想とはやるのう
うちのとこはひらがなの他にも習字やヨガなんかも教えてくれるのよ

でもね
聡子さんのとこは
有名私立幼稚園だから
もっとスゴイの!!
基礎英語に算数
パソコンまで教えて
くれるんですって〜!!
で、ナオヨちゃんの
ところは?
……うちはフツーの
保育園なんで……
まぁ あったかいのが売り
みたいな?
保育園と幼稚園で
こんなに差があるなんて……
子どもの能力にも差が
できるってこと!?
エーユーのポーズ!
わしの目から見りゃ
どっちもただの
かわいい子ども
じゃがなぁ

保育園通いと幼稚園通いの子、違いはあるか

「4月から一郎を幼稚園に転園することにしたの」とママ友の良江に聞いたのは、数カ月前のこと。一郎くんが小学校受験をすることになり、幼稚園へ通わせることにしたのです。なんでも、幼稚園じゃないと、受験に不利なのだそう。

「受験させるような小学校は、働いているお母さんを望んでいないのよ。もちろん仕事をしているかどうかなんて願書に書く欄はないんだけど、子どもの保育園名を書く欄はあるから、母親が勤めているかどうかが、そこでわかっちゃうのよね。だから、受験の前に転園することは珍しくないのよ」

息子をこれからも保育園に通わせるつもりの私としては、保育園はよく面倒を見てくれるし、ラクで助かるし、いいことづくし、といつも感じているのですが、そういう理由で、幼稚園に移す人がいることは初めて知りました。

保育園に通わせているおぬしには、とくに関係ないじゃろうが。

そんなことないって！　時々、幼稚園に通わせてるママたちが、「保育園あがりの子って、小学校に入ってから集団行動ができなくて困るみたいね」とか噂してるらしいし。

どうせそれも、良江情報じゃろ。

うっ……うん、まぁ、そうなんだけど。でも、本当に違いはないのかなぁ？

私自身も保育園育ちで、自分が保育園しか知らないからかも、と思い、どちらの事情も詳しそうなママたちに話を聞いてみました。

まずは、保育園にも幼稚園にも、お子さんを通わせたことがあるFママの話。現在、お子さんは、4年生と2年生、保育園に通っている5歳児の3人です。

「両方通わせてみたときの個人的な感想だけど、私は保育園のほうが好きだったよ。育児的な要素が多いから、子ども一人一人にかけてくれる目が多いし。泣いていても対応が上手だし、子ども同士のトラブルにも、保育士さんの目は行き届いていた気がする。

トイレトレーニングを含めて、しつけの部分もしっかりやってくれるしね。甘えてしまうのはよくないんだろうけど、子育てしてもらった感謝の気持ちでいっぱい。字の読み書きも、ないわけじゃないのよ。おにいちゃん、おねえちゃん的存在の子がどこかで覚えてきて保育園で書くから、それをマネているうちに、卒園までには、ひらがな、カタカナを覚えていたもの。

幼稚園は、小学校の前段階という感じよね。いかに集団での行動ができるかが大事。保育の要素はあまりなかったかも。『しつけはご家庭で』っていう空気が漂ってたし、お遊戯会なんかの手作りものの負担も私にとっては大きかったかな。

小学校に入ったときの違いは、まったく感じなかったわよ。1年生の授業自体がゼロからみたいなものだし、学業面は心配はいらないと思う。幼稚園の子は集団生活に慣れている場合もあるんだろうけど、いまの保育園は、幼稚園に準じたようなところがたくさんあるから、保育園に通っていても、きちんと先生の話は聞けるし、集団生活も問題なくできてたわ」

幼稚園と保育園の両方に勤めた経験のあるGママの話も興味深いものでした。

「最近は、延長保育をする幼稚園とか、保育時間に習い事を取り入れる保育園が出てきて、両者の垣根はずいぶん低くなってるみたい。行政も『幼保一元化』を打ち出しているし。一般的に、幼稚園出身の子は、椅子に座って話が聞けるとか、ひらがなをマスターしているとか、元気で明るくて活発なんて言われていて、一方の保育園児は、先生を『ちゃん』づけで呼んだり、座って授業を受けられないとかの弊害を挙げる人もいるみたいだけど。

ただ、私が働いていた幼稚園は、他のすすんでいる幼稚園に追いつこうと、座って話を聞く時間を増やしたり、ひらがな、カタカナを教えたり、1月からは子どもの呼び名を名字にしたりしていて（小学校では名字で呼ぶから）。

でも私には違和感があって。幼稚園は学校の予備校じゃないし、しつける時間が長いと、遊ぶ時間が少なくなるでしょ。ひたすら遊んだり、ケンカしたり、泥団子を作ったり、トラブルを自分たちで解決する時間が少なくなるのよね。大人が評価しやすいことを身につけるより、幼児期にしかできないことを、どれだけじっくりやってきたかが、小さい子には大切だと思うんだけどなぁ。これからは、私たち親がそれぞれの園の個性を、選んでいくようになるのかもしれないね」

ママたちの話を聞いたあと、幼稚園と保育園の一元化のことが気になって、もう少し調べてみました。
一元化しようという動きがはじまり、「認定子ども園」と呼ばれる行政に認証された園は、平成22年4月1日現在で、全国で532あるそうです（厚生労働省発表）。すでに私立の保育園や幼稚園は、そのような取り組みをしているので、最近では、どちらも充実してきているのが事実。選択肢が増えた分、子育て中のママたちは、選ぶ目を肥やす必要があるのですが、それが悩みの種にもなっているようです。
とはいえ、近所や友だちの子どもたちを見ていて思うのは、保育園と幼稚園の違いより、じつは家庭環境の影響のほうが大きいのではないか、ということ。問題行動を起こすような子は、家庭環境を聞くと、妙に納得してしまったりして……。

そういえば、うちの息子も最近、新しい保育園に移ったんだけど、以前の保育園とは、子どもの数も先生の接し方も、年間行事もまったく違うんだよね。同じ保育園でもこんなに違いがあるんだから、幼稚園と保育園の2つで子どもの性質が決まるってわけでもないか。

結局、どちらに入っても、家庭の状況によって、いい子にも悪い子にも育つということじゃ。明るい家庭に育てば、明るい子になるし、両親が常に罵り合っているような家庭に育てば、子どもは情緒不安定になる。幼稚園か保育園かだけで、性格が決まってたら苦労はないわい。

はぁ、親の責任って重い……。

そう暗い顔をするでない。保育園に通わせていることの不安なんて吹き飛んだじゃろう。

そっか、たしかに!

立ち直りの早さはピカイチじゃな。

ジイの格言!

どちらを選ぶか、より、どこに入れるか

公立は荒れ放題、私立なら安心ってホント？

愛ちゃんの家
ねーねーナオヨちゃん 小学校どうするぅ～？
ごはん でちゅよー
へ？ どうするったって 息子まだ3歳だし 何も考えてないよー
ま、学区内の公立小に 行くと思けどさぁ

え〜でも公立小って
チョ〜荒れてて
ぇ
学級崩壊
いじめ問題
5年生なんて
授業にならないのよぉ
……って
良江さんが
言ってた♡
……またアイツか
次から次へと
一体どこから
情報仕入れて
くるのやら……
だからね〜
うちもお受験で
私立に行かせよう
かなぁって思って
え〜
愛ちゃんまで
お受験〜!?
ってゆーか
私立の制服
超カワイイ
しぃ〜♡
たしかに!
うちも
私立に
しよっかな〜
ってゆーか
ほんとはそっちが
目的じゃろ!!

私立の小学校人気の背景は――

愛ちゃんに聞かれるまで、息子の小学校受験のことなんて、まったく考えていなかったのですが、東京都内に住んでいる、ママ友の間では、自然とその話題が出てくるみたい。

そもそも、千葉県でごくフツーに育った私は、大学生になってはじめて、「あの子〝下から〟だから、おしゃれでお金持ちなのよね」と、特別扱いされる女の子たち＝「幼稚園からのエスカレーター式お受験組」と遭遇したのでした。その「下から組」はグループになっていて、「外部受験」をした田舎ものチームとは、比べものにならないくらいゴージャスに見えました。ブランドバッグは当たり前、でもバイトなんてしたことないという、バブルを彷彿とさせるような「花の女子大生」。

その一方で、私も、友人たちも、外部受験組でしたから、華やかな女子大生生活を送ることはできず、バイトにあけくれ、必死で就活していました（私は結局、キャバ嬢&イラストレーターという道に迷い込んだわけですが)。

でも先日、子どもが生まれた「外部受験」の友人たちに、久しぶりに会う機会があってびっくり。自分の子ども時代の反動なのか、いつの間にか、お受験に目を輝かせ、その世界に突入しているのです。

ある日、彼女たちとお茶をすることに。久しぶりに会いたかったのもあるけれど、どうしてお受験に興味を持つようになったのか、その辺の話をもう少し聞きたくなった、ということもあります。平日の午後、3歳の子を持つM子と、5歳の子を持つE子とのお茶会のはじまりです。

「ねえねえ、お受験の情報って、どこから仕入れてるの?」

「最初は、やっぱりインターネットかな。学校別に掲示板があっていろいろ便利よ」

「でも掲示板だと、誹謗《ひぼう》中傷もあったり嘘の情報もあるの。うちは最近、塾に行きはじめたんだけど、ネット情報には嘘が多いんだって、塾の先生が言ってたわ」

「たしかに、私も見たとき『○○小学校の説明会は、○○ブランドの紺色スーツがいい』とか、具体的すぎて逆にあやしいなあと思うものがいくつかあった」

「有料の掲示板の〈お受験ナビ〉ってサイト知ってる? あそこはある程度、信頼できるかも。実際に合格したママたちが登録していて、お返事をくれるサイトなの。有料だし、いたずら書き込みする人はなかなかいないだろうしね」

「なるほど。ちゃんとしたネット情報を得るのも大変なんだね。でもなんでまた、お受験させることにしたの〜？」

といちばん気になっていたことを聞きました。

「うーん……やっぱり公立は荒れているって聞くし」

「私もそれがきっかけかな。女子大時代の〝下から組〟も実は憧れてたし、近所の小学校で暴れん坊の男の子と一緒になるのも、ねえ？」

とのこと。


とすると、公立に入らせようとしているうちの息子は、将来の〝暴れん坊〟って、このふたりの目には映っているのかぁ……。

お受験に興味があるんなら、もう少し調べてみたらどうじゃ。

そうだね。お受験ママってガラじゃないけど、調べるだけ調べてみるか。M子たちが言ってた〈お受験ナビ〉なら、もう少し何かわかるかな。

というわけで、有料サイトの〈お受験ナビ〉の代表の方に、昨今のお受験事情について、詳しく聞いてみることにしました。

「少子化ですが、お受験人口も少なくなっているんですか」

「横並びという感じですね。倍率が下がっているわけでも、上がっているわけでもありません。不況だからかもしれませんが、共働き家庭も増えてきていますよ。両親の収入が少ないと、私立小学校の学費を払うのは大変だと思います」

「お受験したい親が多いのは、やっぱり公立が荒れているから？」

「公立が荒れているというより、とにかく、公立が嫌、という親御さんは多いですね。行きたい学校を選ぶというより、どこでもいいから私立に、という方もいます」

「私立に行けば安心なんでしょうか？」

「安心ということで言えば、エスカレーター式で高校まで行ける進学校などですと、中学受験の大変さを回避できる、と思っている方も多いですね。でも、中学受験が目的の私立小学校もありますし、エスカレーター式とはいえ、内部進学で上にあがれない学校もあったり、小学校に入れても、安心していられないのが現状ですし。高校までの私立小学校は、入学したら、大学受験を視野に入れているようです。そういう意味では、私立に入ったからといって、『もう勉強しなくていい！』ということではないんですよね。熱心な方は、お子さんが1年生のときから大手進学塾に通わせたりしています」

「ってことは、公立小学校に行って、塾に行って、中学受験をしたほうが断然安上がりですよね！」

「それもそうですが、公立小学校が不安という情報を信じて、私立を考える人が増えてきたのではないでしょうか。ただ、私立にいじめがないとか、問題がないわけではありません。確かに、選ばれた子が入っているのでしょうから、安心感はありますが、悪いところを見るのではなくて、公立でもいい学校はたくさんあることを知ってほしいですね。

小学生やそのママたちを見てきて思うのですが、公立私立という区別より、もっと違うところに差異がある気がします。たとえば、同じ小学校でも、学年によって雰囲気が違います。先生によっても、クラスメートによっても変わってきます。こういう言い方をしてしまうと元も子もないのですが、『運』は大きいですよ。いいと思って入れた私立小学校の、我が子のクラスだけ荒れているとか、いじめがあるということもあるし、逆に公立小学校でも、すごくクラスがまとまっていたり。しかし、クラス替えをしたり、先生が代わると雰囲気は大きく変わります」

「それじゃあ、何を基準に選んだらいいんですかね？」

「ナオヨさんのお子さんは3歳ですよね。ちょうど、そのくらいの頃から、いろいろな学校に足を運んでみることをおすすめしています。最近は、学校選択制の公立も増えてきているので、私立小学校の選択肢はなくても、公立と比較するために、学校説明会などはいくつか見てもいいかもしれませんね。今や学校を選べる時代です。入った学校に文句を言うのではなくて、自分の目で、好きな雰囲気の学校を見つけることですね。何校も足を運ぶと、目も肥えてきます。学校の雰囲気は、保護者や校舎や空気などで、なんとなく感じることができますよ。まずは親が学校を好きになることからはじめてみてはいかがですか？」

「親が学校を好きになる」かー。確かに、「公立は荒れてて危ない」って不安がってるより、一度見学してみて、「なーんだ、校舎も教室もキレイだし、子どもたち、

みんな楽しそうじゃん」って思えるだけでも違うよね。ちょっと早い気もするけど、小学校入学まであと3年。引越し代の貯金に1年でしょー、新しい土地に慣れるのに1年って考えると、そろそろ情報収集始めてもいいのかも。

それにな、本当に「運」もあるからのう。子どものSOSサインに気づいたときは、いつでも助け舟を出せる態勢、それを親は忘れちゃいかん。いざとなれば、転校だってできるしな。賃貸に住んでるおぬしは、住む地域だって変えられるんじゃぞ。

そっか！　我が家は日本全国、どこの小学校でも入れるってことだもんね。東京都内は受験戦争で住みづらそうだし、いっそのことバカンスもかねて沖縄へ移住……いやいや、北海道にも美味《おい》しいものがいっぱいあるし、キャー、私悩んじゃう♪

どうして、そう、おぬしはいつも自分本位なんじゃや……。

ジイの格言！

私立VS公立の二元論は、もう古い

小学校に入る前に、ひらがなカタカナは書けて当然？

ママ友たちとランチ会
でね～そのスクールが……
へー
おっと3時だ！おべんきょうしなくちゃ
ごそごそ
さんすうドリル
2
MOMO
バンッ

えっ!? 諭吉くん小学生のドリルやってんの!?
しかも2年生の!?
さんすうドリル
ほら、うちは私立の幼稚園でお受験もあるから～♡
ホホホ
だけどいまは公立でも入学前に
簡単な足し算と「あいうえお」くらいはできないと
お勉強についていけないって聞いたわよ～
さ、さすが私立…
え～っ マジ!?

なんだか大きなものを
背負わされておるのう
この子は……
次はかけ算を
覚えるのよね～♡
きたい
38＋46は
84!!
ゲ……私より
計算速い!!
すごーい
うちも
もっと勉強量
増やさなきゃ……!!
さすが
諭吉ちゃん
天才～♡
うちもそろそろ
始めないと
マズイかな……
てゆーか私が
勉強し直すべき
かも!?

勉強も学校まかせじゃダメですか？

しかし諭吉くんのやることには、いちいち驚かされるわ。

同じ男の子をもつ親としてどうなんじゃ。

気にはなるけど、そんなに早くからできなくても……。でもいまどきの小学校は、みんな1年生から、ひらがな、カタカナ書けて当たり前なのかしら……。

今回も情報に振り回されておるのう。調べてみればいいじゃろうが。

そういえば、同級生で小学校の先生をしているN美がいたなぁ……。そんなことを思い出し、久しぶりに電話をかけて、話を聞くことにしました。彼女は埼玉県の小学校に勤めていて、低学年を受け持つことが多く、去年はちょうど1年生を受け持っていたのです。

彼女の話をまとめてみると、このような感じでした。

小学校に入ったほとんどの子が、自分の名前くらいは書けるそう。彼女のクラスでは、ひらがなカタカナを読める子が、7割以上はいるとのこと。文科省の学習要領では、1年生は国語の授業でひらがなを教えるし、算数も数字をきちんと教えてから足し算がはじまります。でもそれが「ゆとり教育の弊害」と思っている親御さんも多く、未就学のうちに覚えさせてくる人が多いとのこと。

「でも授業は教科書通りに進むから、早く覚えてきている子は、授業をバカにしている感じがあって、きちんと聞いていなかったりするわね。授業を聞かないクセがついてしまうと困りものだけど。あと、学校だと、ひらがなや漢字は、書き順をきちんと教えて、きれいな字で書く練習もするのだけど、そういう単純反復作業もすぐ飽きちゃうし。きちんと書かないから、雑だったりするの。算数も、問題を解くのは速いけど、やっぱり字がきたないし、文章題は苦手だったりするわね」

彼女の結論としては、ひらがなカタカナを覚えるのは、小学校に入ってからで十分ということ。「未就学時代に興味を持たなかったら、焦って覚えさせなくても大丈夫」とのことでした。

それを聞いて、少しホッとしたところもあったけど、Y子がいるのは公立の小学校だから、のんびりしているのかもしれない――。

　そう考えた私は、中学受験を目指す子どもたちが通う有名進学塾に、取材を申し込みました。ひらがなカタカナが書けるだけじゃダメなのか、小学生になってからどのくらい勉強しているのか、等々、アルバイトをしている賢そうな東大生に、基本的な質問をいろいろ投げかけてみました。

「塾ではいろいろな子を見てきましたし、先輩の塾講師からも聞いたことがあるのですが、最近では、塾も、生徒さんを早いうちから囲い込みたいので、1年生や2年生くらいから模試をして勧誘します。これは、あくまで個人的な感想ですが、早めに塾に入っている子は、6年生までには息切れをしてしまう傾向があるようです。途中、成績が伸び悩む時期がきて、そこで挫折してしまったり。

　ある女の子の例なのですが、2年生からうちの塾に入って、家では、家庭教師までつけていた子がいました。その子が4年生になったある日、急に、塾のテストは0点、学校のテストは白紙で提出し、家庭教師の言うことをまったく聞かなくなったそうです。成績優秀で高学歴のご両親は、その事実をすぐに受け入れることができず、家庭教師は3回かえ、塾も3カ所に行きました。しかし、家庭教師や塾の先生が悪かったのではなかったんです。

要は、その娘さんは、無理矢理、勉強をすることが本当に嫌で、拒否の行動として0点をとってきていたようで。親御さんがその事実をやっと受け入れたときには5年生。娘さんと向き合い、話し合いをするまでに時間がかかり、そこではじめて塾も家庭教師もやめて、中学受験もやめました。

でもそれから、その娘さんは学校の授業をきちんと聞くようになり、テストも白紙で出すことはやめたそうです。子どもらしい小学校生活を送って、結局、公立中学校に行き、高校受験は自分の意志で勉強をしたことで、志望校に先日受かったと聞きました」

なるほどねぇ。無理矢理やらせると、そういう弊害もあるのかぁ。しかし塾に通わせないと、うちの息子も自発的にやるようなタイプじゃないだろうし……と、塾をあとにしながらいろいろ考えていると、以前、小学生の兄弟を持つ先輩ママが、「塾に通わせなくても自然と子どもたちが覚えてきた」と言って、うれしそうにしていたことを思い出しました。

彼女の幼稚園では、遊びの中で「ひらがなカタカナ」を覚えるブームがあって、自然と子どもたちが覚えていたそうです。「小学校にあがったら、ほとんどの子が、ひらがなカタカナは書けていたから、助かったって思った」とも言っていたっけ。私にとってはかなり理想！　でも、諭吉くんのように、当たり前のように九九まで覚えていたりするのを見ると、どうしても不安になってくる……。そんな胸のうちをあるとき、清美にちょっとこぼしたら、おもしろい話を教えてくれました。

「そういう不安な気持ちを、塾ってうまくついてくるのよね。私の知り合いの息子さんが2年生のとき、大手の塾が〈全国無料模試〉を大々的にやっていたんだって。クラスの3分の1くらいは、面白そうだからと受けたみたい。そこでの息子さんの結果が散々。普段は学校の勉強をするだけで100点をとってくるし、通知表もすべて『できる』評価だったのに、偏差値が42。知り合いは、どこも行ける学校がないじゃない、とびっくりしたみたい。でも試験の内容を冷静に見ると、けっこう難しかったらしいの。塾に通ったことがない2年生にやらせても、できるわけないような内容。でも、さすがに偏差値42を見てしまうと、塾に行かせないといけないのかなと焦ったんだって。実際ふたをあけてみると、その試験の影響か、3年生から塾に行きはじめる子がすごく増えたらしいわよ」

「それって塾の戦略にまんまとひっかかっているだけじゃない？」

「でも、行ってない人は焦るのよ。今の小学生は、こうやって前倒しで塾の低年齢化が進んでるらしいわ……」

　常に1年先の勉強をして人より早く知っていることがステイタスになっているこの時代。清美はそれを「しょうがない」と割り切っていたみたいだけど、私はちょっとどうかな、と保留中です。

　というのも、うちの息子はまだまったく興味を持っていない。先輩ママたちの話を聞いて、昔買った、磁石と砂鉄で書く「おえかきせんせい」を押入れから引っぱり出して、「あ」とか「1」とか書いて、覚えさせようとがんばったこともありました。でも息子は、「1」くらいは覚えられても、次の日はけろりと忘れているんです……。教えるには根気がいるし、「なんで覚えられないの！」と私がストレスに感じたら元も子もない。だから、もうちょっと息子が文字に興味を持ち始めたら、ぼちぼち教えようかなと思うけど、その日がいつになるのやら。子育ては気長に待つしかないのでしょうね……。

どんなことでも、子どもが自分から興味を持たなければ、押しつけになってしまうからのう。読み書きを覚えるのだって、「みんなができるから」「小学校に入るから」という理由で無理に教えるのではなく、本が読めるとか、手紙が書けるとか、覚える楽しさを教えて興味を持たせる分には、何も問題ないと思うぞ。

そうだよね！　字が読めるようになれば、簡単な本は自分で読めるし、映画も字幕で一緒に観に行けるし、親としてはありがたいんだけどな。あー、うちの保育園にも、ひらがなカタカナブームこないかな。

自分本位な上に、他力本願……息子よりも、まずはおぬしを教育し直すべきかもしれん。

覚えたがるときが覚えさせるタイミング

ジイの格言！

どこからが〝モンスター・ペアレンツ〟?

通信簿に「落ち着きがない」ってありましたけど、先生が怖くて怯《おび》えてるだけじゃないですか!? 幼稚園では優等生だったのよ!?
ウチの子は少食でしょ? だから給食費は半額しか払わないわよ
なんでウチの子だけ写真が小さいんですか!?
うんどう会
「教師に向いてない」と言われて……もう辞めようかと
生徒を叱るときも気を遣います……

本当にこんな
親がいるのか!?
先生も大変
じゃのう
キャー
親の意見ってどこまで
言っていいのか
難しいよね
モンペ扱いされるのも
嫌だし……う～む……
こんな
モンスター
ペアレンツ
略して〝モンペ〟
が……
まあまあ
まだ3歳なんだから
今からそんなことで
悩まなくても
もっかい
もっかい
キャ
そんなこと!?
教育のことで真剣に
悩んでるって
いうのに……!!
ってゆーかなんで私だけが
悩まなきゃ
いけないんですか?
キ――ッ
こ、
こわい…
ガミ
ガミ
……モンペの素質
大アリじゃな

言いたいことを学校にどう伝えるか

いい親ヅラする気は毛頭ありませんが、私は保育園にお世話になりっぱなしで、感謝こそすれ、文句はとくに言ったことはありません。まあ、私があまり気にしない性格だからかもしれませんが。最近は、「学校に何か言うと、モンスターペアレンツにされちゃって、子どもが先生に目をつけられるんじゃないか」と、言いたいことを抑えているママ友もいたりします。でも、〝モンペ〟のレッテルを貼られるのが嫌だからって、学校に意見や文句をまったく言ってはいけない、というのも違う気がするし、バランスの取り方がむずかしい世の中になってきているのかもしれません。

でもそもそも、週刊誌とかにとりあげられてしまうような「モンスターペアレンツ」は、実際、どれくらいいるのでしょうか。前項でも話を聞いた、公立小学校の先生をしているN美に、実情をちょっと聞いてみることにしました。

「小学校の教師をしていてとくに難しいのは、親御さんとのお付き合いの仕方ですよね。本当にいろいろな方がいらっしゃって……って、ナオヨに話しているのに、親の話になるとついつい丁寧語が出てきちゃうくらい、親には神経つかってるのよ。

たとえば、遠足に行って写真を撮るじゃない？　あれもドラマじゃないけど、みんなを平等に撮影しなきゃ、と気をつかう。あとは運動会や学芸会。誰かに〝スポットライト〟があたる役をさせるでしょ？　運動会だったらリレーの選手、学芸会なら主役。でもほかの子にも、たとえば運動会の挨拶をやらせるとか、みんなに平等に、何かしらの役ができるように気を配るのは当たり前。でも、リレーの選手だけは実際に速さを測って決めるのに、『うちの子はなぜダメなんですか？　幼稚園ではいつも一番だったのに』と詰め寄られた経験もあるんだから。

低学年のうちは、連絡帳があって、親御さんとはそれのやりとりが主なんだけど、想像もつかないようなことをけっこう書いてきて度肝を抜かれるわ。自分の子を中心にすると、学校に疑問がわいてくるのかもしれない。こちらも、確かに一理ある内容だと思った場合には改善していくけど、親御さんたちとの普段からのコミュニケーションの重要性を、最近、実感してるわね～」

「やっぱりそうなんだ……」

同じ小学校でも、モンスターペアレンツが多いのは、公立小学校だって知っとるか。

突然、割り込んできて何それ。本当に？

私立のほうが、高いお金を払っているんだから、学校に不備があったら、きちんと親が意見を言いそうだと思うじゃろ？　だがな、受験戦争に勝ち抜いて、やっと手に入れた大学までラクできるエスカレーター式の道。学校側に悪く思われたくないとか、下の子がいるから、誠意を見せようという意志が働くもんなんじゃ。

へえ〜！

ところが公立の場合は、本来なら、無料で勉強させてもらっている場所であるにもかかわらず、「先生が悪い」という前提で話をはじめるんじゃ。

でも、そんな人たちばかりじゃないいんじゃない？

いやいや、文句ばかり言う親のほとんどは、学校を、「しょうがなく預けている先」と思っている傾向にあるんじゃ。たとえば、小学校受験をして落ちて、公立に通っている子の親なんかは、「うちの子はこんなところにいるはずじゃない」という無意識の気持ちが出てしまうんじゃな。それで学校のやっていることが、いちいち気になってつい文句を言ったりする。

じゃあ、学校に何かあって意見を言いたい場合は？　ガマンしたほうがいいの？

学校やクラス、友だち関係などがよくなるための意見は、積極的に言うべきじゃ。先生だって、絶対じゃないからな。一般的に、先生というのは、大学を卒業してすぐに配属されてくるから社会経験が乏しい場合が多い。だから、先生に何か言いたいときは、「先生は自分より社会経験も少ないんだ」といった意識を持って接すると、自分の気持ちの中に余裕もうまれて、「文句」という形にならんじゃろう。

いくジイはそう言って、筆ペンで何か書き始めました。

【先生、学校とうまくやるための4カ条】

・「文句」と「意見」を区別すべし
・自分の子を中心にして、ものごとを見るべからず
・気になることは、周りのママ友の意見も聞くべし

・先生は社会人1年生と思って、温かい目で見守るべし

確かに、ちょっとしたことですぐに学校にかけこんだり、連絡帳に感情的なことをつらつら書くのは、ただの「文句」になりかねないけど、きちんと整理をした上での「意見」なら、「よい提案」にもなります。でも言い方と、言う内容には気をつけないと、モンスターペアレンツにされるのも嫌。そもそも、自分の子どもが過ごす環境がよくなるための提案なんだから、言ったことで息子がイヤな思いをするのは避けたいもの。そう思うと、いくジイがさらさらと書いた4カ条は、なるほどと思うところがあります。「ひと呼吸」おくことは、育児全般でも共通することかもしれないし。いつまでも〝0点ママ〟でいられないから、ほんと、できることから少しずつやっていこう。そんな思いをあらたにするのでした。

ジイの格言！

言いたいことはひと呼吸おいてから

おわりに

「あなたは母親として、自分を何点だと思いますか？」

こんな質問をされた時、「私は100点満点です！」と胸を張って言える人は、ほとんどいないんじゃないでしょうか。周囲のママ友だちに聞いてみても、平均回答は50点。中には、私と同じく「0点だわ……」と答える人もいました。

子どもを育てることは、原始から続いていることですが、誰もが最初は未体験です。「もう母親（父親）業の予習はバッチリ！　これで完璧な子育てができる」というわけにはいきません。「これでいいのかな？」といった不安や疑問は、妊娠中から常につきまといます。私のように、いちいち振り回されたりしなくとも、情報が多すぎるがために、かえって自分の子育てに自信が持てなくなっているお母さんたちは、やっぱり多いのではないでしょうか。

でも、いったい、いつ頃から「育児」というと、「楽しい」より「大変」という言葉のほうが、多くのママさんたちの頭に思い浮かぶようになったのでしょうね。

今回、この本の監修をお願いした育児カウンセラーの末木佐知さんは、こうおっしゃっていました。

「現在の子育ての悩みは、周りの人たちとの比較とあせりで成り立っています。比較してしまうのは仕方ないですし、それによって学ぶこともあるでしょう。けれども比較することで、親があせってしまったら、いいことはひとつもありません。子どもに無理を強要する場合が多くなるからです。

子育てをする上で、思い出してほしいのは、ちょっとだけ昔のこと。昔は、早期教育も右脳教育もないし、ゲームや携帯などの誘惑もない。お友だちとの遊び、親との関わりの中で成長してきました。その中から、いくらでも優秀な人材は生まれてきたのです」

この本を書く上で、いろいろな方に取材を重ね、育児って本当はもっとシンプルなものなんだ、私が一人で勝手にあせっていただけなんだ、と気づくことができたのは、大きな収穫でした。

「ふと」気づけただけで、肩の荷が1トンくらいおりたような、そんな感じです。この本を読んでくれたママたちにも、こんな簡単なことでいいのかと、どこかでホッとしてもらえる瞬間があったら、とても嬉しいです。

いくジイも言っていたけど、「母親の笑顔あってこその明るい家庭」。たまには怒っても、なるべく多くの日を笑顔でいられるよう、上手に息抜きすることが、けっこう大切な〝ママ業〟のひとつではないかなと思いました。

もちろん、これからもママ業を続けていくからには、100点満点……とまではいかなくても、せめて80点くらいは目指したい。ですが、人はそんなに急には変われません。努力していてもうまくいかないことだって多々あります。

だから周りからのサポートを、感謝して、ありがたくいただきながら、子どもと一緒に、少しずつ成長していけばいいのではないでしょうか。

それで将来、子どもに「ママの子で良かった」なんて、もしも言ってもらえたら、それまでどんなにダメママの烙印を押されていた人であっても、点数なんて、一瞬にして吹き飛んでしまうだろうな……そんなふうにも思いました（でも、さすがに0点はマズイので、もうちょっとがんばらなくちゃ、ですが！）。
この本を、現在、子育て奮闘中のママと、これからママになる女性たちに。
そして、私を育ててくれた母に捧げます。

斉田直世

◎参考文献

『リビングフードをはじめましょう』いとうゆき著、リヨン社
『頭のよい子が育つ家』四十万 靖、渡辺 朗子共著、日経BP社
『子供が育つ魔法の言葉』ドロシー・ロー・ノルト、レイチェル・ハリス共著、石井千春訳、PHP研究所
『毒になる親』スーザン・フォワード著、玉置悟訳、講談社
『笑う育児のすすめ　2歳〜6歳編』大葉ナナコ著、実業之日本社
『子育てハッピーアドバイス』明橋大二著、1万年堂出版
『ゲーム脳の恐怖』森昭雄著、日本放送出版協会
『脳科学おばあちゃん久保田カヨ子先生の誕生から歩くまで　0〜1才 脳を育むふれあい育児』久保田カヨ子、久保田競共著、主婦の友社

※その他、育児関係のお仕事をされている方々、子育てに奮闘中のお母さま方、取材にご協力いただきまして誠にありがとうございました。

著者紹介

斉田直世(さいだ・なおよ)

1983年生まれ。イラストレーター、一児の母。日本女子大学在学中から、キャバ嬢「ななみ」として働き、持ち前の「明るさ」と「オタクさ」で男性客の人気を集める。大学卒業後は、雑誌や広告のイラストを描き、フリーのイラストレーターとして、また各種メディアの恋愛アドバイザーとしても活躍。著書に『好かれる女、愛される女45のヒミツ――なぜか、あの子がモテる理由』(PHP出版)、『モテ♡テク。――元女子大生キャバ嬢の小悪魔講座』(青春出版社)、『本カノになる!』『ちょいモテ男になる技術』(小社)等がある。

斉田直世オフィシャルブログ「ななみ+なおよ」 http://ameblo.jp/nanaminaoyo/

監修者紹介

末木佐知(すえき・さち)

1964年生まれ。育児カウンセラー、教育ジャーナリスト、私立の学童保育「こどもみらい塾」代表。学習院女子短期大学卒業後、三菱商事に入社し、大手企業のＯＬ500人以上からなる「丸の内ＯＬ研究所」を設立し、女性のライフスタイルを情報発信。自らも結婚、離婚、起業、高齢出産、シングルマザーなどを経験。現在は講演、執筆活動も行っている。著書に『０歳からの未来設計――子供の習い事が気になるときに開く本』(ソフトバンククリエイティブ)、『早期英語教育にモノ申す』(ソニー・マガジンズ新書)等がある。

0点ママの子育て迷走日記
2010年9月25日　第1刷発行

著　者　斉田直世
発行人　見城 徹
編集人　福島広司

GENTOSHA

発行所　株式会社 幻冬舎
〒151-0051　東京都渋谷区千駄ヶ谷4-9-7

電話：03(5411)6211(編集)
03(5411)6222(営業)
振替：00120-8-767643
印刷・製本所：図書印刷株式会社

検印廃止

ISBN978-4-344-01890-7 C0095
幻冬舎ホームページアドレス　http://www.gentosha.co.jp/

この本に関するご意見・ご感想をメールでお寄せいただく場合は、
comment@gentosha.co.jp まで。